I0538486

BESTACTIVITYBOOKS.COM

Copyright © 2022 LINGUAS CLASSICS

PRIMA EDIZIONE 2022

Illustrazione Grafica Extra: www.freepik.com
Grazie a Alekksall, Starline, Pch.vector, Rawpixel.com, Vectorpocket, Dgim-studio, Upklyak, Macrovector, Stockgiu, Pikisuperstar & Freepik.com Designers

Scoprire i Giochi Gratuiti Online

Disponibile Qui:

BestActivityBooks.com/FREEGAMES

5 CONSIGLI PER INIZIARE

1) COME RISOLVERE LE PAROLE INTRECCIATTE

I puzzle hanno un formato classico:

- Le parole sono nascoste senza spazi o trattini,...
- Orientamento: Le parole possono essere scritte in avanti, indietro, verso l'alto, verso il basso o in diagonale (possono essere invertite).
- Le parole possono sovrapporsi o intersecarsi.

2) APPRENDIMENTO ATTIVO

Accanto ad ogni parola c'è uno spazio per scrivere la traduzione. Per incoraggiare l'apprendimento attivo, un **DIZIONARIO** alla fine di questa edizione vi permetterà di controllare e ampliare le vostre conoscenze. Cerca e scrivi le traduzioni, trovale nel puzzle e aggiungile al tuo vocabolario!

3) SEGNARE LE PAROLE

Puoi inventare il tuo sistema di segni. Forse ne usi già uno? Per esempio, puoi segnare le parole difficili da trovare con una croce, le parole preferite con una stella, le parole nuove con un triangolo, le parole rare con un diamante, e così via.

4) STRUTTURARE L'APPRENDIMENTO

Questa edizione offre un **TACCUINO** alla fine del libro. In vacanza, in viaggio o a casa, puoi organizzare facilmente le tue nuove conoscenze senza bisogno di un secondo quaderno!

5) AVETE FINITO TUTTE LE GRIGLIE?

Nelle ultime pagine di questo libro, nella sezione della **SFIDA FINALE**, troverete un gioco gratuito!

Facile e veloce! Dai un'occhiata alla nostra collezione di libri di attività per il tuo prossimo momento di divertimento e **apprendimento,** a portata di clic!

Trova la tua prossima sfida su:

BestActivityBooks.com/MioProssimoLibro

Ai vostri posti, pronti...Via!

Sapevi che ci sono circa 7.000 lingue diverse nel mondo? Le parole sono preziose.

Amiamo le lingue e abbiamo lavorato duramente per creare libri di altissima qualità. I nostri ingredienti?

Una selezione di argomenti adatti all'apprendimento, tre buone porzioni di intrattenimento, una cucchiaiata di parole difficili e una spolverata di parole rare. Li serviamo con amore e entusiasmo in modo che tu possa risolvere i migliori giochi di parole e divertirti imparando!

La vostra opinione è essenziale. Puoi partecipare attivamente al successo di questo libro lasciandoci un commento. Ci piacerebbe sapere cosa ti è piaciuto di più di questa edizione.

Ecco un link veloce alla pagina dell'ordine:

BestBooksActivity.com/Recensione50

Grazie per il vostro aiuto e buon divertimento!

Tutta la squadra

1 - Scacchi

ט	ן	ד	נ	ה	ה	ת	ש	ל	ז	מ	ן	כ	ס
ו	ם	ש	ר	ק	ת	ן	ח	ב	ת	א	ל	ו	ף
ר	ה	מ	ש	ר	ו	ט	ק	ן	ל	ג	ש	כ	ה
נ	ט	ה	ע	ב	פ	ד	ן	נ	ש	ף	מ	ה	ה
י	ף	פ	א	ה	פ	ש	ו	א	ג	צ	ה	צ	כ
ר	כ	ל	ל	י	ם	צ	ש	ת	ח	ר	ו	ת	פ
ד	ט	ל	א	ס	ט	ר	ט	ג	י	ה	כ	א	ס
ם	ש	מ	ש	ח	ק	ם	ף	ר	ת	י	פ	ש	י
ן	א	ו	כ	ג	א	ר	ס	י	ס	ב	ר	א	ב
ת	מ	ד	ה	ל	נ	ת	צ	ם	ב	ט	ר	י	י
א	ל	כ	ס	ו	ן	ג	ש	ח	ו	ר	ט	ן	ב
צ	ך	נ	ח	ש	ש	ש	ף	ג	מ	מ	ף	ה	ם
ש	ע	ף	ה	ע	ב	ש	ב	ל	ה	ה	ר	ת	ד
ט	ט	מ	ט	ם	צ	פ	ש	נ	ם	צ	ן	ג	ב

יריב
לבן
אלוף
תחרות
אלכסון
שחקן
משחק
שחור
פסיבי
ללמוד

נקודות
מלך
מלכה
כללים
הקרבה
אתגרים
אסטרטגיה
זמן
טורניר

2 - Strumenti

מ	ס	פ	ר	י	י	ם	ס	מ	ט	ס	ד	ג	ן
ס	ס	נ	ש	ת	ש	ט	כ	צ	ב	ת	ר	צ	ח
ח	ן	ג	ב	ד	ב	ב	י	ב	ו	ר	ג	ג	ב
נ	ת	ע	ת	ם	ל	ה	ן	ג	ל	ב	ה	ר	ל
ת	ד	ב	ק	צ	ש	ס	ם	ל	ש	מ	ג	ז	פ
ט	ס	ב	כ	נ	ד	ת	ם	ג	ד	ג	ד	ן	י
ע	ר	ן	ח	ש	צ	ר	פ	ל	ס	ו	ל	ם	ד
ן	ה	ח	ש	כ	ב	צ	א	ר	פ	ס	ת	ע	ד
ף	ל	ם	פ	א	ף	ח	ס	כ	ל	צ	צ	ס	פ
א	ת	פ	ע	ג	ד	כ	ב	ל	נ	ה	ד	ה	ע
צ	ח	ח	ת	א	כ	ר	ש	ף	ד	ה	ר	ר	צ
א	ת	ח	פ	י	ר	ה	פ	ט	י	ש	ב	ד	ט
ם	פ	ע	צ	ף	ת	ף	צ	צ	מ	ה	ד	ק	כ
ע	ע	פ	ר	ה	ח	ב	ש	ד	ע	צ	א	ח	ר

גרזן
כבל
דבק
סכין
חבל
מהדק
מספריים
פטיש

את חפירה
צבת
תער
סרגל
גלגל
סולם
לפיד
בורג

3 - Aggettivi #2

ד	ב	כ	ל	כ	פ	ר	מ	פ	ו	ר	ס	ם	ר
ג	מ	א	ד	כ	ר	כ	ת	ג	ג	ט	ע	פ	ש
א	ן	ב	מ	ח	ו	צ	ו	א	ו	ת	נ	ט	י
ה	ן	ר	ט	פ	ד	כ	ק	ל	ב	ט	ף	ה	כ
א	נ	מ	ל	כ	ו	ש	ג	ג	ת	פ	ט	ו	ף
מ	ט	נ	פ	ט	ק	ע	מ	נ	י	ש	ד	ר	ה
ט	ב	ג	כ	פ	ט	ג	ל	ט	א	ד	ר	ע	ב
מ	ע	י	ס	ג	י	ם	ו	י	ו	ת	מ	ת	ר
ע	י	א	צ	ס	ב	י	ח	ה	ר	ה	ט	א	ע
נ	ע	מ	ע	י	י	ב	מ	ג	י	ן	י	ף	צ
י	ט	ן	ף	ט	ר	ש	ח	ז	ק	ף	ג	מ	ש
י	ב	ר	י	א	ם	ת	ח	ג	ף	ר	ג	י	ל
ן	מ	ס	ה	ב	ה	ר	י	ת	ם	ג	ל	ט	צ
ש	ן	ף	א	ח	ר	א	י	ר	ר	ש	פ	ן	ע

מעניין
טבעי
רגיל
חדש
גאה
פרודוקטיבי
טהור
אחראי
מלוח
בריא

רעב
יבש
אותנטי
יצירתי
תיאורי
מתוק
דרמטי
אלגנטי
מפורסם
חזק

4 - Pesca

א	ה	ב	א	ד	ה	מ	ט	ה	ג	פ	א	ח	ס
ע	ג	ף	ו	ח	ג	צ	ע	ג	מ	ב	פ	י	צ
מ	צ	ר	ק	ע	ז	ל	פ	נ	ה	ס	ר	י	א
ם	י	מ	י	ז	מ	א	צ	א	ח	ה	ו	ב	כ
ן	ג	ע	י	ל	ה	ף	ש	ל	ב	ד	ה	ג	ב
ף	ר	ה	נ	ע	ח	ם	ר	ן	ח	ס	ט	ב	פ
ר	ה	נ	ו	ע	ו	ה	ה	ר	ל	ת	פ	ת	נ
ה	ה	פ	ס	ט	ט	ה	ן	ל	מ	ש	צ	כ	ה
ה	ם	י	ב	מ	ג	ס	ס	ף	י	ל	ק	ש	מ
א	ף	ת	ל	ד	ן	ת	ס	ל	ם	ד	ע	א	ע
ג	ם	י	נ	ח	מ	ם	ש	נ	נ	ן	מ	צ	ה
ם	ס	ו	ו	ם	י	ר	י	פ	נ	ס	ת	כ	ד
ט	ג	ן	ת	ף	ב	ע	מ	ם	ב	ר	ס	ר	מ
צ	ל	כ	ח	כ	ג	מ	צ	ף	ם	צ	ר	ף	ג

מים
ציוד
סירה
זימים
סל
הגזמה
פיתיון
חוט
נהר

וו
אגם
לסת
אוקיינוס
סבלנות
משקל
סנפירים
חוף
עונה

5 - Aggettivi #1

מ	ג	ע	ל	י	ט	ו	ז	ק	א	ע	ר	כ	א
ל	ם	צ	א	צ	ס	א	ן	י	נ	ר	ד	ו	מ
א	מ	ד	ן	ט	צ	ד	ף	ק	ד	ד	ס	ד	נ
ס	ד	ח	ג	ל	ט	ח	ג	ג	י	ד	פ	ה	ו
ח	ב	מ	ן	ף	ן	א	פ	ל	ב	ג	ב	ן	ת
ש	ת	ט	ע	ד	ר	י	ע	צ	ד	מ	ד	ס	י
ת	מ	ת	ב	ש	ס	ט	ט	ו	ש	ו	ד	ב	כ
כ	ר	ר	ק	י	ם	ם	ל	מ	א	ש	ז	נ	ד
ב	ו	ש	ח	ך	ו	ר	א	צ	פ	ל	ה	ף	פ
ר	א	נ	א	ד	ף	ר	ר	צ	ת	ם	ה	א	פ
ל	ף	ן	צ	ם	ף	ף	ו	ש	נ	ט	ן	ם	פ
ס	ת	ש	ב	ע	ט	ת	מ	נ	י	צ	ב	ף	ע
נ	ג	ט	ל	ח	ו	מ	ט	ר	ת	פ	ם	ש	י
כ	ר	א	מ	ה	ז	ר	י	י	ט	י	א	ט	ל

זהה
חשוב
איטי
ארוך
מודרני
כנה
מושלם
כבד
יקר
רזה

שאפתנית
ארומטי
אמנותי
מוחלט
פעיל
ענק
אקזוטי
נדיב
צעיר
גדול

6 - Geologia

כ	נ	נ	א	ב	ף	ף	ל	א	ל	מ	ו	ג	מ
ן	ט	ן	ת	א	מ	ף	ר	מ	ה	ב	ר	ג	א
ג	י	י	ז	ר	ד	כ	ד	ל	ר	ש	ה	ת	ו
ר	ף	כ	ת	א	ן	ם	ג	ח	ג	ר	ג	ט	ב
ק	ע	ן	ה	מ	ע	ע	ח	ו	ע	ה	ט	נ	ן
ה	ו	י	ת	ג	ה	צ	ח	מ	ש	ה	ט	ל	ן
ש	ת	ו	ד	א	ג	ף	ל	צ	ע	ג	ר	ט	א
ח	ם	נ	ר	ת	ם	ש	צ	ה	ף	ף	ן	נ	ב
י	ת	ס	ן	ץ	א	ג	ב	י	ש	י	ם	ב	ן
ק	ן	נ	ת	א	ז	ד	צ	ע	כ	ג	צ	ר	י
ה	ס	ת	ח	ל	ו	ר	מ	א	ב	ה	ע	ף	ב
ס	י	ד	ן	ן	ר	נ	ח	ה	ה	ל	ף	ם	ש
ד	כ	מ	ע	ר	ה	מ	י	נ	ר	ל	י	ם	ת
א	צ	ס	ת	ח	מ	ף	נ	ן	ע	ט	ח	מ	נ

לבה
מינרלים
אבן
קוורץ
מלח
נטיף
שכבה
רעידת אדמה
הר געש
אזור

חומצה
רמה
סידן
מערה
יבשת
אלמוג
גבישים
שחיקה
מאובן
גייזר

7 - Campeggio

ם	מ	צ	פ	ן	ף	צ	כ	צ	מ	מ	ה	ק	ג
ה	ש	י	ר	ח	ט	פ	ג	ח	פ	ד	ד	א	ש
ד	ל	ד	ל	פ	נ	ה	ש	נ	א	פ	ד	נ	ש
ר	נ	כ	ם	ף	פ	א	ל	ג	נ	ח	ט	ו	ב
כ	ה	ר	פ	ת	ק	ה	ט	ס	ד	ט	צ	פ	ש
ח	ר	ג	ש	נ	ד	ף	ש	ל	נ	ף	ן	ר	ט
ב	ט	י	כ	י	ף	מ	כ	כ	ח	ש	ם	פ	ל
ל	א	נ	ע	ג	כ	ו	ב	ע	י	א	ר	ע	ן
ע	ר	ס	ל	ר	ש	ם	ם	ח	ו	מ	כ	ף	פ
ם	נ	ל	ת	פ	ה	ר	ס	ר	ת	כ	ג	פ	ל
נ	ג	מ	ה	א	ו	ה	ל	ב	ל	ט	ס	ת	ע
ח	ג	פ	ט	ג	מ	ס	צ	א	ש	ט	ב	ע	כ
ש	ר	ה	ג	ם	ע	ת	נ	צ	ת	צ	נ	א	ם
ש	ט	ק	ש	ע	צ	י	ם	ב	ט	ת	ג	ף	א

כיף
יער
אש
חרק
אגם
ירח
מפה
הר
טבע
אוהל

עצים
ערסל
חיות
הרפתקה
מצפן
תא
ציד
קאנו
כובע
חבל

8 - Arti Visive

פ	ג	י	ר	ג	א	ס	ד	כ	פ	פ	מ	כ	ב
ן	ר	ת	צ	מ	מ	ר	צ	ח	ח	ם	ס	ב	ב
ע	ד	ס	ע	י	ן	ט	ם	ג	ם	ע	ר	ת	ן
ס	נ	ג	פ	ה	ר	כ	ב	ל	ר	ה	ד	ב	ב
ק	ר	מ	י	ק	ה	ת	ב	כ	נ	ש	ן	צ	ת
מ	נ	ן	ר	ן	ט	צ	מ	ה	ה	ן	ט	מ	ע
ם	מ	ח	מ	ד	ן	י	מ	ו	מ	ג	נ	ר	נ
ש	ע	ה	ן	כ	ח	ו	ב	ב	פ	ן	ן	ח	ג
מ	י	נ	ה	ן	צ	ר	ה	ה	ד	ת	ם	ח	ט
פ	פ	ע	פ	צ	ד	י	ו	ק	ן	מ	ם	מ	ס
ן	ר	ר	מ	י	צ	י	ר	ת	י	ו	ת	פ	ה
ה	ו	ש	ט	ו	ף	ח	ר	ש	ע	ו	ו	ה	ש
ע	ן	ח	ֶ	ר	ֶ	ס	ט	נ	ס	י	ל	ע	כ
ף	ט	א	ד	ר	י	ב	ל	ו	ת	ע	ש	ן	א

אדריכלות
חֶרֶס
אמן
יצירת מופת
פחם
כן ציור
שעווה
קרמיקה
הרכב
יצירתיות

סרט
גיר
עיפרון
עט
ציור
פרספקטיבה
דיוקן
סטנסיל
לכה

9 - Esplorazione

ש	כ	ן	ם	א	ל	ב	ח	ג	ס	ס	ח	פ	ב
ח	ן	ל	ף	ת	א	ף	י	י	ג	ב	א	ת	צ
צ	ת	ל	ב	פ	י	ת	ו	ל	א	צ	נ	ם	פ
ל	ב	מ	ג	ח	ד	פ	ת	ו	ח	ג	ס	ו	ח
נ	א	ו	ף	א	ו	מ	ץ	י	ר	ת	י	כ	ת
ג	ח	ד	צ	מ	ע	ת	ב	נ	ת	פ	ע	פ	ה
פ	ע	י	ל	ו	ת	ת	ן	ב	מ	מ	ו	ר	ס
נ	ם	א	ש	ש	נ	ש	ח	ש	נ	ס	ת	א	ס
ד	ע	ש	ף	ו	ם	י	ד	ר	ס	ו	ר	י	צ
ב	ט	ם	ג	צ	ת	ש	ש	ע	צ	כ	פ	כ	ש
ד	ף	ן	ת	ר	ב	ו	י	ו	ת	ן	מ	ה	א
ה	ת	ר	ג	ש	ו	ת	ת	ה	ח	מ	ס	ם	ט
ש	פ	ה	ב	ח	ט	ט	ש	ת	מ	ב	נ	ח	ד
מ	ל	כ	ד	ה	ש	ח	ד	ן	פ	ם	ס	ט	ס

חיות
פעילות
אומץ
תרבויות
נחישות
התרגשות
תשישות
שפה

חדש
ללמוד
סכנות
מסוכן
לא ידוע
גילוי
פראי
נסיעות

10 - Tempo

ב	ו	ק	ר	ל	ר	ה	ל	צ	נ	ש	נ	ה	ח
ל	כ	מ	ם	ר	ן	ד	י	ה	ח	ע	נ	נ	כ
ב	צ	נ	ה	ה	ב	ח	ל	ר	ג	ה	ת	ת	ד
ס	ט	ר	ד	ד	מ	א	ה	י	צ	ף	ס	כ	י
כ	כ	ר	ע	ש	ף	ס	כ	י	ט	מ	ם	ס	ט
ר	ט	ש	ש	ב	ס	ם	ט	ם	ת	ש	כ	ע	נ
ם	ט	ג	י	ו	ם	ל	ם	ד	ת	כ	ן	ם	ל
ט	פ	ש	ן	ע	א	נ	ד	ב	ק	ת	ה	ש	נ
ל	ט	כ	ף	ש	ת	ט	ף	ח	ל	ה	מ	ם	ס
ו	פ	א	ע	ו	מ	י	ה	מ	ש	ד	ה	ע	פ
ח	ת	ב	ק	ר	ו	ב	ד	ל	ע	ל	ל	מ	פ
ש	ד	ף	ת	א	ל	מ	נ	פ	ו	א	ע	א	פ
נ	ח	ו	ד	ש	ס	נ	ג	נ	ן	ה	י	ו	ם
ה	ר	ן	כ	ה	ד	ף	מ	י	ל	א	ח	ר	ן

שנה
שנתי
לוח שנה
עשור
לאחר
עתיד
יום
אתמול
בוקר
חודש
צהריים
דקה
לילה
היום
שעה
שעון
בקרוב
לפני
מאה
שבוע

11 - Astronomia

ע	מ	ע	ח	ש	כ	ד	ו	ר	ה	א	ר	ץ	ח
ת	ר	ט	ח	ת	ס	ו	פ	ר	נ	ו	ב	ה	ם
ק	ק	פ	א	ב	ד	כ	כ	ב	א	ף	ם	מ	ג
ב	ר	ע	י	ו	ף	ח	ח	ב	ט	ן	נ	ת	ף
ו	י	ט	ף	ל	ר	א	ם	ג	ל	ק	ס	י	ה
צ	נ	ט	ה	כ	י	ב	ף	מ	ס	כ	ש	ק	ע
ת	ה	מ	ש	ת	ג	ת	צ	כ	ק	ת	ת	ו	ע
כ	ר	ע	ק	ג	א	ס	ט	ר	ו	נ	ו	ם	ר
ו	ק	ש	ו	ו	י	ו	ן	א	פ	נ	ה	ן	ק
כ	ט	א	ס	ט	ר	ו	א	י	ד	ט	מ	כ	י
ב	ה	מ	מ	ב	ט	ר	ה	א	ם	י	צ	ר	ע
י	ם	ם	ו	פ	ת	ת	פ	ף	א	ר	פ	ן	ל
ם	ל	ע	ס	א	ט	ג	צ	מ	ע	ח	ה	ע	ב
א	ס	ט	ר	ו	נ	א	ו	ט	כ	כ	מ	ב	ף

ערפילית
המצפה
כוכב לכת
קרינה
רקטה
סופרנובה
טלסקופ
כדור הארץ
יקום

אסטרואיד
אסטרונאוט
אסטרונום
רקיע
קוסמוס
קבוצת כוכבים
שוויון
גלקסיה
ירח
מטאור

12 - Circo

פ	ס	צ	מ	ר	ד	ן	ן	ם	ף	ל	ח	ל	ק
ד	ן	ש	ת	ה	ף	כ	צ	כ	צ	ם	י	ח	ו
מ	נ	מ	ר	ף	ם	ר	א	ו	ה	ל	ב	צ	ף
ו	ל	ה	ט	ו	ט	ן	ר	ע	כ	ב	ל	ל	ן
ז	כ	ד	ע	ה	ח	ר	י	ד	פ	ט	ו	מ	ה
י	כ	מ	א	ט	פ	ג	ה	כ	פ	ב	נ	ג	ה
ק	צ	ו	פ	ה	ח	ף	פ	י	ל	ב	י	ת	ו
ה	מ	ת	מ	ח	ת	א	ח	מ	ט	ס	ם	ת	פ
ת	ח	פ	ו	ש	ת	ק	ק	ש	כ	ג	ף	צ	ע
ס	ף	י	ן	ח	ע	ר	ס	ג	א	ת	מ	ם	ה
ע	ש	כ	ו	ף	ט	ו	ם	מ	צ	ע	ד	צ	ד
ת	נ	א	ת	ת	ג	ב	ט	ר	י	ק	ר	ש	ש
ת	מ	מ	ת	ק	ן	ט	ר	נ	מ	ד	ף	ד	מ
פ	ר	ב	ר	צ	צ	ן	פ	פ	ב	ל	ע	ן	ט

הופעה
מוזיקה
בלונים
מצעד
קוף
צופה
אוהל
נמר
טריק

אקרובט
חיות
ממתק
ליצן
תחפושת
פיל
להטוטן
אריה
קסם

13 - Mitologia

ל	כ	ת	ן	פ	ת	ת	א	ד	ב	ח	ח	נ	ע
ל	ו	ס	ר	מ	ר	ד	מ	נ	ס	ע	ט	מ	פ
ש	ח	ח	ל	ף	ב	ן	ת	מ	ו	ת	ה	ם	מ
ה	ב	כ	ם	ב	ו	ו	צ	מ	מ	ח	ם	ט	צ
ף	א	ל	י	ם	ת	ף	ך	ת	ר	ת	ף	ן	ה
מ	פ	ל	צ	ת	ב	ג	ף	פ	ע	מ	ט	א	ס
ם	ד	ש	ו	י	צ	י	ר	ה	ם	ה	ל	ת	ב
ת	ן	ג	ר	כ	ן	ב	ל	ר	נ	ת	ב	ר	ק
ב	ח	ן	צ	א	א	ו	נ	ב	ע	נ	ש	פ	ס
ע	ס	ן	ע	ן	מ	ר	ק	נ	א	ה	מ	ל	ו
פ	פ	ל	ח	ח	ד	ד	מ	..	ס	ג	ס	ח	ם
מ	ם	ם	א	צ	ר	ת	ה	צ	ו	ו	ד	פ	ג
א	ב	ט	י	פ	ו	ס	ג	_	ן	ת	ה	ה	ר
ף	ב	ח	ף	ד	פ	נ	מ	ח	ל	ף	ל	ג	ש

אבטיפוס
התנהגות
יצור
יצירה
תרבות
אסון
אלים
גיבור
כוח
ברק

קנאה
לוחם
נֵצַח
מבוך
אגדה
קסום
בן תמותה
מפלצת
רעם
נקמה

14 - Piante

ע	ד	ה	ל	ע	ד	ל	א	ש	ד	ש	ו	ב	ש
ה	ת	נ	ץ	מ	כ	ן	מ	ש	נ	ש	ת	ו	ן
ת	ד	ק	ו	ב	מ	ב	ן	ן	ש	מ	ר	ט	א
ס	ם	ק	ח	ל	ו	ד	ג	ל	ע	ש	ח	נ	א
ט	ה	ט	צ	נ	ף	ע	ב	ט	ו	ר	ע	י	ה
ח	נ	ו	א	נ	ח	ר	פ	ח	ע	ת	ָ	ק	ם
ש	ג	ס	נ	ת	ס	ט	ם	ב	י	ס	ל	ה	ה
ר	ת	ס	ב	כ	ש	ה	ם	נ	ת	ם	.	מ	ח
ב	ק	ל	פ	ש	ה	ע	ב	ב	ג	כ	י	מ	צ
ר	י	ש	כ	ט	ס	ן	נ	ל	ל	ב	ם	ף	מ
י	ס	ת	ר	ת	ו	כ	י	ל	ע	א	ג	ע	ח
ת	ו	נ	ל	ד	ר	ם	ע	ה	ן	ד	ד	ן	י
נ	ס	כ	ש	ם	ס	ל	ב	צ	ה	ן	ג	ר	י
ד	פ	ב	ג	ש	ר	ת	ש	צ	ת	ד	ת	ן	ה

דשן
פרח
עלה
עָלים
יער
גן
טחב
עלי כותרת
שורש
צמחייה

עץ
ברי
במבוק
בוטניקה
קקטוס
בוש
לגדול
קיסוס
דשא
שעועית

15 - Spezie

מ	כ	מ	ו	ן	ל	ה	ת	ש	ז	ע	פ	ר	ן
ם	ל	פ	כ	ן	ח	ב	ת	ק	ן	ג	פ	ג	ק
צ	ט	ח	פ	ו	ח	פ	ש	א	נ	ח	ס	ן	י
פ	ל	פ	ל	ר	ס	ב	ס	ר	ף	ם	ח	מ	נ
ף	ב	צ	ל	ס	י	ב	ג	י	נ	ג	ר	ר	מ
ת	נ	א	ה	א	ס	ק	ר	ן	ף	ש	נ	י	ו
מ	ת	ו	ק	ש	ד	מ	ה	ה	כ	א	פ	ר	ן
ו	א	נ	ל	ם	פ	ט	ל	ף	ו	נ	ם	ל	ת
ס	ש	י	ה	ש	ו	מ	ר	א	ר	נ	ש	ף	ל
ק	ם	ל	א	נ	י	ס	פ	פ	כ	א	ס	ש	צ
ט	ף	פ	ם	ה	ר	ח	ע	ם	ו	נ	ב	ה	ס
ף	ש	מ	ש	ו	ם	ס	ס	ד	ם	ג	נ	ס	א
נ	ם	ף	ו	נ	כ	ס	ת	א	ד	ש	כ	צ	ע
ן	ג	ס	ש	ר	כ	ע	ס	ל	ד	צ	ן	ף	כ

מתוק
שומר
שוש
מוסקט
פפריקה
פלפל
מלח
וניל
זעפרן
ג'ינג'ר

שום
מריר
אניס
קינמון
הל
בצל
כוסברה
כמון
כורכום
קארי

16 - Numeri

ת	ש	נ	ח	ל	ע	ח	ע	ה	ר	ש	ע	ש	ש
ש	ת	ע	מ	ד	ל	מ	ש	ב	ש	א	ר	ל	מ
ע	י	מ	ג	ף	צ	ש	ר	ט	ה	ת	ו	ע	ו
ע	י	ם	ע	ב	פ	ג	י	נ	ם	ש	ם	ש	נ
ש	ם	פ	ם	ע	צ	ף	ם	ב	ע	ע	ט	ר	ה
ר	ש	ע	ה	ש	י	מ	ח	ש	ש	ג	ש	ו	ש
ה	ס	ח	ע	נ	ע	ב	ר	א	ר	מ	נ	נ	ל
פ	ף	נ	מ	י	נ	ה	ד	צ	ו	ש	ש	י	ו
ם	ת	ן	ע	ם	ן	נ	נ	נ	ע	ם	ש	ע	ש
נ	ח	ש	מ	ע	ע	פ	ה	ד	כ	נ	ד	ם	ם
כ	ם	ע	צ	ש	ד	ע	ה	ר	ש	ע	ע	ב	ש
ט	ש	ר	נ	ר	ש	ס	ב	ט	ע	א	ס	ח	א
פ	ב	ת	ף	ר	ס	ח	ת	צ	ש	ע	ב	ש	ע
ס	פ	א	ר	ש	ע	ה	ע	ב	ר	א	ם	פ	ד

ארבעה עשר
ארבע
חמישה עשר
שש עשרה
שש
שבע
שלוש
שלוש עשרה
עשרים
אפס

חמש
עשרוני
תשע עשרה
שבע עשרה
שמונה עשר
עשר
שנים עשר
שתיים
תשע
שמונה

17 - Cioccolato

ק	ה	ת	ה	ל	מ	ח	נ	ק	ל	ק	ב	א	ף
ו	ב	ח	ל	ש	ת	ת	ט	ק	ה	ל	א	י	ף
ק	ס	ו	כ	ר	ת	ב	כ	א	ה	ו	ב	כ	ם
ו	ע	ף	כ	ר	ת	ו	מ	ו	ה	ר	ק	ו	נ
ס	א	נ	ט	ח	ל	ט	ק	א	ן	י	ה	ת	ת
ב	ח	ט	ע	ם	ש	נ	ע	ק	ד	ו	ר	ע	פ
ה	ס	ב	ם	ף	צ	י	ב	פ	ו	ת	ר	ס	מ
א	ר	ן	צ	נ	ת	ם	ן	צ	ת	ת	ל	ף	ג
מ	ר	כ	י	ב	א	ק	ז	ו	ט	י	א	ס	צ
ר	ת	כ	א	מ	כ	ת	ג	ה	ר	פ	כ	ף	ל
י	נ	ו	ג	ד	ח	מ	צ	ו	ן	א	ו	מ	כ
ר	ה	ה	ק	ד	נ	ה	ן	ב	ף	ט	ל	מ	ט
מ	מ	ת	ק	ק	ר	מ	ל	ג	ב	צ	כ	ס	ע
ל	ף	ע	ט	ע	י	ם	ת	ד	ח	ה	צ	ע	כ

מריר
נוגד חמצון
בוטנים
השתוקקות
קקאו
קלוריות
ממתק
קרמל
טעים
מתוק

אקזוטי
טעם
מרכיב
לאכול
קוקוס
אבקה
אהוב
איכות
מתכון
סוכר

18 - Guida

ל	צ	ל	ת	ט	א	נ	צ	כ	ע	מ	ד	צ	ר
מ	נ	ה	ר	ה	ב	ו	א	ל	ג	נ	ו	ל	ג
ס	א	ג	כ	ט	ב	ם	ט	ל	ת	ו	צ	ס	ק
ג	ש	ח	ח	ח	ה	ע	א	ו	מ	ע	ם	ר	ך
א	ן	ט	ש	נ	ג	מ	מ	ח	ב	ס	ט	י	נ
פ	ש	ן	ת	ר	ש	ה	פ	ג	ז	ו	פ	ש	מ
ס	כ	נ	ה	ב	ט	י	ח	ו	ת	מ	ס	י	ת
ז	ה	ו	ל	כ	י	ר	ג	ל	נ	ש	פ	ו	ף
ה	ב	ב	ב	נ	ס	ו	מ	ה	ו	ט	ת	ן	מ
י	ל	ף	צ	פ	ב	ת	כ	ש	ע	ר	א	צ	ל
ר	מ	ח	ן	ת	ח	ב	ו	ר	ה	ה	ו	מ	א
ו	י	ן	פ	מ	ה	ד	נ	א	ו	פ	נ	ו	ע
ת	ם	נ	ף	ס	כ	ג	י	צ	מ	פ	ה	ע	ה
פ	כ	ה	ט	צ	ם	פ	ת	א	ט	א	ב	ב	נ

אופנוע
מנוע
הולכי רגל
סכנה
משטרה
בטיחות
תנועה
תחבורה
מנהרה
מהירות

זהירות
מכונית
אוטובוס
דלק
בלמים
מוסך
גז
תאונה
רישיון
מפה

19 - Sport

ב	מ	צ	פ	ל	פ	ת	ם	ה	ג	כ	ן	צ	ש
י	צ	פ	ל	ח	ס	ר	ה	ס	ט	ס	כ	ל	ו
י	ע	ל	ש	ף	ל	ג	ט	ף	מ	מ	כ	ר	פ
ס	א	ד	ח	ט	ש	א	נ	א	ח	ש	א	ט	ט
ב	ר	ף	ק	ב	ס	פ	ש	ו	ת	ח	ל	מ	ח
ו	ם	נ	ן	ח	ב	נ	ג	פ	ג	ק	י	ס	ן
ל	ע	ה	צ	כ	ב	ת	ט	נ	י	ס	פ	ד	ל
ש	כ	כ	ו	ד	ד	ר	א	י	ד	ז	ו	כ	ה
ח	ש	ס	ו	ק	נ	ו	ס	י	ת	נ	ת	פ	כ
ו	ד	מ	ת	ת	י	ל	ר	ם	ה	ף	ח	ל	ם
ת	נ	ו	ע	ה	ש	ד	ל	ס	ל	נ	ס	ב	ד
א	צ	ט	ד	י	ו	ן	ע	ע	ל	ח	ס	א	ה
ד	ד	ג	ו	ל	ף	ה	ת	ע	מ	ל	ו	ת	פ
ס	פ	ו	ר	ט	א	י	ש	ן	ה	ה	א	ם	נ

משחק
גולף
הוקי
תנועה
לשחות
צוות
אצטדיון
טניס
זוכה

מאמן
שופט
ספורטאי
בייסבול
כדורסל
אופניים
אליפות
התעמלות
שחקן

20 - Giocattoli

ם	ש	ט	ת	ת	א	ו	פ	נ	י	י	ם	א	ג
ר	כ	ב	ת	ע	ו	ע	ג	ס	ש	ח	מ	ט	ת
כ	ד	ו	ה	ם	מ	פ	ף	ף	פ	ע	ר	מ	ח
פ	ו	ב	מ	ע	כ	י	י	ת	ש	ר	פ	ר	ף
ם	ר	ה	ח	ה	ו	פ	כ	ם	ב	ע	י	ש	צ
צ	ב	ע	י	ם	נ	ו	ב	ס	י	ר	ה	ם	מ
פ	כ	ש	ג	ח	י	ן	צ	ף	ש	פ	ת	ף	ב
ד	ח	ת	ל	ת	ת	ה	ב	ה	כ	ף	ן	צ	כ
ח	ה	ר	ס	ח	ד	ר	מ	ל	א	כ	ת	י	ד
ל	ל	ד	ס	פ	צ	מ	ש	א	י	ת	ר	ם	ע
ן	ד	מ	ט	ו	ס	נ	ח	מ	פ	ף	ת	ף	ן
ל	מ	י	ר	ן	ח	ח	ק	א	ה	מ	נ	ח	ע
ח	נ	ו	ף	ג	פ	ם	י	ע	ס	ס	ם	צ	א
ל	ם	ן	א	ה	ו	ב	ם	ר	ו	ב	ו	ט	ר

מטוס
עפיפון
חרס
מלאכת יד
מכונית
בובה
סירה
תופים
אופניים
משאית

משחקים
דמיון
ספרים
כדור
אהוב
רובוט
שחמט
רכבת
צבעים

21 - Strumenti di Cottura

ד	ק	ם	כ	ג	ל	ז	מ	ח	ח	מ	א	ח	ה
ת	ו	ש	א	פ	ס	מ	כ	ן	ב	ר	ו	נ	ת
מ	מ	כ	ן	כ	ס	א	ס	פ	ד	ח	ם	ס	פ
ל	ק	מ	י	פ	ר	ב	ה	מ	ה	ם	כ	ל	ו
מ	ו	ן	ר	ל	ד	ל	ס	ר	ד	א	פ	ת	מ
ד	ם	י	ט	ל	ר	נ	כ	י	צ	ב	ד	ט	פ
ם	י	מ	ס	ה	נ	ד	ו	ת	ס	ש	ם	ף	י
ם	ג	ע	ב	ת	ל	ר	ם	ל	מ	ת	ח	ב	ה
צ	א	ן	ח	ע	פ	פ	ד	צ	ר	ר	ר	ק	מ
ד	ה	ה	ט	ח	ס	מ	ה	ה	ף	כ	ח	ע	פ
ל	ב	ה	ו	ס	ד	ר	ף	נ	ט	א	צ	ף	ד
ף	ת	ף	ס	ח	ב	ד	נ	נ	פ	כ	צ	ש	ם
ד	ס	נ	ט	ף	ד	ד	ט	ן	נ	נ	ש	מ	פ
ג	ט	מ	ר	ת	כ	ח	ש	ם	ו	ח	ד	מ	ש

קומקום
מסננת
סכין
מכסה
כף
מספריים
מזלג
תנור

מקרר
בלנדר
פומפיה
סכום
מרית
מסחטה
מדחום
טוסטר

22 - Uccelli

ד	ב	י	צ	ה	ד	ל	ף	נ	ע	א	נ	ב	ח
ד	ס	ב	ח	ט	ר	ם	ב	ס	צ	ו	צ	ץ	צ
כ	כ	צ	ס	נ	ט	י	ע	ן	ט	ו	ו	ס	ן
ד	ג	פ	י	נ	ג	ו	ו	י	ן	ז	ה	א	מ
ר	פ	ם	ד	צ	ח	נ	ק	צ	ט	ב	ן	ב	ט
ע	ל	ט	ה	ח	פ	ה	ב	א	ש	ח	ף	ר	ם
ק	ו	ק	י	י	ה	ד	ש	ט	ן	נ	נ	ד	צ
פ	ל	מ	י	נ	ג	ו	ם	נ	ה	א	א	ף	ם
א	א	מ	ס	נ	ב	ם	ס	ת	ב	נ	ף	ל	ד
ס	פ	ה	ר	ע	ח	ע	ו	ף	ר	פ	נ	ש	ר
ם	ש	ב	ן	ב	ח	ד	ט	ת	ב	ה	א	ג	ו
ט	ל	כ	ד	ג	ף	ל	ב	ר	ו	ו	ז	ש	ר
ש	ק	נ	א	י	ם	ד	ט	ט	ר	כ	ף	ח	ט
ר	ח	ם	ר	מ	ל	א	ח	ח	ם	צ	י	ע	ב

אנפה
ברווז
נשר
חסידה
ברבור
קוקייה
נץ
פלמינגו
שחף
אווז
תוכי
דרור
טווס
שקנאי
יונה
פינגווין
עוף
יען
טוקאן
ביצה

23 - Giorni e Mesi

ד	י	נ	ש	א	צ	ת	ה	נ	ס	נ	ל	ח	ת
ג	ו	ת	ס	ל	ו	ב	א	ה	ס	ד	ל	ד	פ
צ	נ	נ	ט	ס	מ	ק	ב	ס	פ	צ	ע	ל	א
ט	י	ש	ב	ו	ע	ר	ט	מ	ט	מ	ת	ע	נ
א	ו	ג	ו	ס	ט	ה	ה	ו	מ	ב	ש	ר	ר
י	י	א	פ	ר	י	ל	מ	ח	ב	ר	ש	נ	ה
ו	ב	ו	ם	נ	ו	ב	מ	ב	ר	ר	ד	ן	ל
ם	י	ס	ם	ט	ל	י	ו	ם	ש	נ	י	נ	ע
ר	נ	ו	ם	ש	י	י	ו	ם	ר	ב	י	ע	י
א	ו	ד	ם	ה	ל	ו	ח	ש	נ	ה	ח	ג	ע
ש	א	נ	ת	ש	ט	י	פ	מ	פ	ת	ו	ר	ב
ו	ר	ף	ם	פ	ב	מ	ש	פ	פ	ד	ד	מ	ח
ן	ש	ח	צ	ת	ם	ת	ט	י	ט	ת	ש	ר	מ
פ	ב	ר	ו	א	ר	י	ו	ם	ש	י	ש	י	ם

אוגוסט
שנה
אפריל
לוח שנה
דצמבר
יום ראשון
פברואר
ינואר
יוני
יולי

יום שני
יום שלישי
יום רביעי
חודש
נובמבר
אוקטובר
יום שבת
ספטמבר
שבוע
יום שישי

24 - Casa

ף	מ	ט	א	ט	א	נ	צ	ד	ט	כ	ש	ר	ם
ה	נ	ב	מ	ת	א	ע	ן	א	ח	ג	ה	מ	ר
ק	י	ר	ד	ש	ח	צ	ת	מ	ע	ל	א	ט	נ
ה	ם	ז	ת	ד	ח	א	ם	ן	ס	נ	ם	ב	מ
ח	ג	ט	ע	ל	י	י	ת	ג	ג	ג	א	ח	ק
פ	ם	ג	ל	ת	א	ן	ף	ח	ד	ר	ר	ת	ל
ה	ח	ה	ם	מ	ק	ת	ן	ח	ג	כ	נ	נ	ח
ל	ס	כ	פ	נ	ט	ר	ש	ע	ן	ן	ע	ן	ת
ן	נ	צ	ח	ו	ל	צ	ה	ע	ש	ר	א	ב	נ
ג	כ	נ	ט	ר	כ	פ	ר	נ	ב	ת	ר	ג	פ
ח	ל	ת	מ	ה	ג	ר	ס	צ	ם	נ	ש	ן	ע
ם	ב	ל	ו	ר	צ	ד	ש	ס	פ	ר	י	ה	ט
מ	ב	ס	ס	ט	א	ח	ל	ו	ן	ה	מ	ח	מ
ד	ד	ט	ך	ד	ן	ה	ג	ד	ר	ש	ט	י	ח

עליית גג
ספריה
חדר
אח
מטבח
מקלחת
חלון
מוסך
גן
מנורה

קיר
רצפה
דלת
גדר
ברז
מטאטא
תקרה
מראה
שטיח
גג

25 - Ristorante #1

ע	ף	ח	מ	נ	ס	נ	ה	מ	ם	ב	צ	ר	ש
ר	ן	נ	פ	ס	ר	נ	צ	ל	ק	פ	ה	מ	ט
מ	ן	כ	י	ן	ס	כ	א	צ	ו	ד	ג	ש	ף
ט	ל	ת	ת	ג	נ	ל	ר	ר	פ	ע	ל	ח	ם
ב	ג	ת	צ	ם	ת	נ	ו	י	א	פ	א	ס	א
ח	ש	פ	מ	ז	ו	ן	ט	ת	י	ס	כ	י	ן
ק	ע	ר	ה	ק	ח	ט	ב	ג	ת	ה	ו	ב	צ
צ	ו	י	ז	מ	י	ה	ט	ר	ר	צ	ל	ח	ת
א	ף	ט	מ	ר	א	נ	ב	ה	ה	ט	ס	ה	ר
ס	נ	א	נ	כ	ע	ל	ו	כ	ת	צ	ע	א	ל
פ	ד	ן	ה	י	ח	ג	ר	ח	ר	י	ף	מ	ם
ת	ת	ה	ן	ב	ל	ם	ר	ג	ב	ס	ם	ל	ב
א	ב	ג	צ	י	ח	פ	מ	ת	י	ן	צ	מ	ע
ט	ה	ג	ן	ם	צ	ח	צ	ש	ת	ה	ם	ח	ן

אלרגיה
קפה
מלצרית
בשר
קופאית
מזון
קערה
סכין
מטבח
קינוח

מרכיבים
לאכול
תפריט
לחם
צלחת
חריף
עוף
הזמנה
רוטב
מפית

26 - Fantascienza

ב	פ	ט	ע	ן	כ	ח	ג	ע	מ	ע	ר	א	ש
ד	כ	ב	ם	ת	ח	ן	ף	ל	ו	פ	א	ט	א
י	ה	נ	ד	מ	י	ו	נ	י	ק	ל	ג	ו	ש
ס	א	ו	ר	ק	ל	ד	פ	א	י	ס	ם	מ	ל
ט	ד	ל	פ	ו	ט	ב	נ	ט	צ	ם	י	י	י
ו	ף	ו	ג	ל	ח	ו	ט	י	ו	ר	כ	ה	ה
פ	ס	ג	ן	נ	ס	כ	ס	ט	נ	ו	ס	צ	ת
י	פ	י	צ	ו	ץ	ב	ט	ס	י	ב	א	ש	ה
ה	ר	ה	כ	ע	א	ל	י	ן	ג	ו	ם	ף	נ
ג	י	צ	מ	צ	ע	כ	פ	ת	צ	ט	פ	נ	מ
ן	ם	ן	ג	מ	ס	ת	ו	ר	י	י	ט	ת	ף
א	ו	ט	ו	פ	י	ה	ם	ח	ג	ם	א	ן	ט
צ	ש	ע	ש	צ	ף	ט	ף	י	צ	ן	ל	ט	א
ח	כ	א	ח	ח	ס	ב	ס	ש	ד	ף	ת	ם	ג

אטומי
קולנוע
דיסטופיה
פיצוץ
קיצוני
פנטסטי
אש
עתידני
גלקסיה
אשליה

דמיוני
ספרים
מסתורי
עולם
אורקל
כוכב לכת
רובוטים
תרחיש
טכנולוגיה
אוטופיה

27 - Città

ה	ש	נ	ר	מ	ט	ל	פ	ד	פ	ת	מ	נ	ר
ג	ד	ב	פ	ם	ע	א	ף	ר	ר	א	א	ם	ע
ל	ה	י	ר	פ	ס	ו	ס	ש	ד	ר	פ	ל	ג
ר	ת	ת	צ	ע	ו	נ	ל	ו	ק	מ	י	ע	ף
י	ע	מ	ס	נ	ם	י	פ	ה	ר	א	י	ח	ס
ה	ו	ר	א	פ	ב	ב	ן	ן	צ	כ	ה	ח	ו
ן	פ	ק	ל	מ	ד	ר	ם	ט	ה	ס	ל	נ	פ
ל	ה	ח	פ	ש	מ	ס	ד	ף	ק	נ	ב	ו	ר
ב	א	ת	ן	ו	א	י	ז	ו	מ	ש	ט	ת	מ
ע	מ	ח	כ	ף	ו	ט	ם	ל	פ	ו	ת	ס	ר
ג	ל	א	כ	ן	ע	ה	ן	ר	ם	ק	ם	פ	ק
מ	ו	ח	נ	ת	ו	נ	ח	ם	נ	ע	ב	ר	ט
ת	ן	ו	ר	ט	א	י	ת	ר	פ	ס	ת	י	ב
ה	א	פ	ר	מ	ם	ת	ו	י	ח	ן	ג	ם	א

שוק
מוזיאון
חנות
מאפייה
בית ספר
אצטדיון
סופרמרקט
תיאטרון
אוניברסיטה
גן חיות

שדה תעופה
בנק
ספריה
קולנוע
מרפאה
בית מרקחת
פרחים
גלריה
מלון
חנות ספרים

28 - Compleanno

ף	ב	ש	כ	צ	ם	י	ר	ב	ח	ר	ג	ג	צ
ף	ן	צ	ע	ח	ד	א	ף	ף	א	ה	ג	ו	ע
צ	ע	ה	ן	ש	ד	א	ה	ג	י	ג	ח	ז	י
ש	ע	צ	א	ס	ד	ת	ד	ח	ו	י	מ	כ	ר
ג	ש	כ	ר	ה	נ	ש	ח	ו	ל	ן	ט	ד	ה
פ	נ	ד	צ	ז	ף	י	ף	ד	נ	ב	צ	ג	ע
ב	ם	י	ס	י	ט	ר	ב	ד	נ	ח	ט	ד	ע
ס	ס	ת	ף	כ	ע	ה	ה	ף	ף	ג	ם	ו	י
כ	ת	צ	ן	ר	א	ת	ר	נ	כ	ג	ע	ל	ל
ס	ף	ת	ף	ו	נ	ן	א	ש	פ	ר	ש	ד	צ
ל	ד	ל	ו	נ	ב	ן	ם	ס	ש	מ	נ	כ	ע
כ	מ	ט	ר	ו	ה	מ	כ	ו	ח	ס	ה	ל	ח
י	ן	ו	כ	ת	ת	ש	ם	ן	ט	ה	נ	ת	מ
ף	ת	ר	ע	א	ל	ט	ט	ת	ו	נ	מ	ז	ה

חברים
שנה
לוח שנה
נרות
שיר
כרטיסים
חגיגה
כיף
שמח
יום

צעיר
גדול
הזמנות
נולד
מתנה
זיכרונות
חוכמה
מיוחד
זמן
עוגה

29 - Fattoria #1

ם	נ	א	ב	נ	כ	ח	ק	ל	א	ו	ת	ח	ם
פ	ף	ס	פ	ח	ת	ו	ל	מ	י	ם	ן	צ	ג
ח	נ	ש	ד	ה	ז	א	פ	ט	ד	ם	פ	י	כ
מ	כ	ל	ב	א	ב	י	ו	ב	ב	ל	ת	ר	פ
א	ל	נ	ו	ה	ת	ג	ר	ר	ש	ת	ה	ם	ה
ת	כ	ת	ר	ח	מ	ו	ר	כ	ז	מ	ה	א	מ
ם	ס	ם	ה	ז	ע	ג	נ	ד	ע	נ	פ	ן	ט
א	ף	ן	ג	ר	ו	ד	ר	ן	נ	ע	ש	ט	ד
ס	ו	ס	ן	ע	ף	ר	ם	ד	ס	ב	ל	ד	ש
ת	ג	צ	פ	י	ע	ג	ל	ם	מ	מ	א	ן	ס
פ	ף	ר	א	ם	כ	ם	ד	ה	ף	צ	ל	ה	נ
ל	ט	ח	ח	ף	ת	ל	ש	ר	ח	ב	ן	ה	ד
כ	ח	ף	פ	ל	צ	א	ן	ל	נ	כ	מ	ע	ז
ד	ט	מ	ג	מ	ס	א	ף	ג	ה	ת	ס	ת	פ

מים
חקלאות
דבורה
חמור
שדה
כלב
עז
סוס
דשן
חציר

חתול
צאן
חזיר
דבש
פרה
עוף
גדר
אורז
זרעים
עגל

30 - Paesaggi

כ	פ	נ	פ	ת	ע	ד	א	ח	מ	ן	א	ל	נ
א	ד	צ	ף	צ	ס	ט	ו	נ	ד	ר	ה	ר	ת
ח	י	ם	נ	פ	ב	ס	ק	צ	א	ב	ע	ג	ג
ל	ו	ד	ה	מ	ף	ע	י	ג	ו	י	מ	פ	ל
ר	נ	ק	ר	ח	ו	ן	י	ב	א	א	ק	ע	ש
ש	ו	מ	ח	ו	ח	ר	נ	ע	ז	ס	ג	א	ס
ל	ת	ע	ד	ף	ש	א	ו	ה	י	ט	י	ם	ד
ג	ט	ר	נ	ב	א	ג	ס	ע	ס	ע	י	ר	ש
ל	א	ה	ע	י	ר	ס	ט	א	ע	פ	ז	ט	ה
ט	ת	צ	ח	צ	י	ה	א	י	נ	ג	ר	מ	ד
ג	ת	ל	ט	ה	ה	ר	ג	ע	ש	ג	ר	ת	ן
פ	ג	ג	ן	ח	ף	נ	ם	פ	א	מ	ד	כ	ל
פ	צ	ל	ט	ע	ף	ר	א	ד	ף	נ	ט	ט	ב
מ	ט	ט	ל	ס	ל	ן	ל	ט	נ	ת	ה	כ	א

מפל
גבעה
מדבר
דיונות
נהר
גייזר
קרחון
מערה
אי
אגם

ים
הר
אואזיס
אוקיינוס
ביצה
חצי האי
חוף
טונדרה
עמק
הר געש

31 - Ristorante #2

פ	מ	ף	ל	א	ה	ע	ח	כ	ף	ה	ש	ת	ף
ל	י	ר	ק	ו	ת	ו	א	ד	ל	ת	ם	נ	ג
ל	מ	ר	ק	ר	ח	ג	כ	ן	ר	ט	נ	ד	ג
מ	מ	ל	ו	ס	ס	ה	ט	ף	ח	ס	ף	ן	ה
מ	ג	ל	ש	ת	מ	ז	ל	ג	מ	ת	א	ב	ן
י	ה	ף	ח	מ	ל	צ	ר	צ	כ	י	ס	א	א
ם	ת	ב	ל	י	נ	י	ם	כ	ף	מ	ל	ר	ר
א	ר	ו	ח	ת	צ	ה	ר	י	י	ם	ט	ו	ב
ב	י	צ	י	ם	מ	נ	ג	נ	כ	ס	ע	ח	ד
ג	ד	כ	ר	ל	ש	ר	ג	צ	כ	ן	י	ת	ה
פ	א	ש	ד	ה	ט	ר	ם	ב	ת	ר	ם	ע	פ
ד	ף	ס	ע	ב	צ	ח	ה	ב	ה	ג	ג	ר	כ
ר	ג	ם	מ	ל	ת	ג	ם	ט	ר	א	ש	ב	ן
ס	כ	ת	ת	ש	ת	כ	ת	ט	ת	ן	נ	ר	ף

מים
מתאבן
מלצר
ארוחת ערב
כף
טעים
מזלג
פירות
קרח
סלט

מרק
דג
ארוחת צהריים
מלח
כיסא
תבלינים
עוגה
ביצים
ירקות

32 - Giardino

ה	ת	ע	ע	ע	ע	ר	ס	ל	ה	ט	ה	מ	כ
ב	פ	א	ן	ה	ם	ל	ל	ע	מ	ר	ן	כ	א
ח	ל	ת	ג	ר	א	ס	ע	ש	ר	מ	ה	פ	ף
ת	ד	ח	א	מ	ש	ת	י	ב	פ	פ	ר	ח	ע
ף	ר	פ	ם	ן	צ	ת	ם	י	ס	ו	פ	ד	ץ
ד	א	י	צ	ג	ן	ל	ן	ם	ת	ל	ס	ע	ף
מ	ג	ר	פ	ה	ד	ש	ה	ש	צ	י	נ	ו	ר
ש	פ	ה	ף	ח	ס	ר	ש	ו	ד	נ	ב	ב	ג
ם	ן	ע	ט	ל	מ	ם	ב	ט	ש	ה	פ	ר	ן
ה	ש	א	ג	ר	ה	פ	ו	י	א	ם	ס	י	ג
ח	ד	ט	מ	ו	ס	ך	ש	ם	ב	ח	פ	כ	ן
ח	ת	ס	ת	ף	פ	ה	א	ד	מ	ה	ס	ה	ח
ח	ב	ע	ט	ט	א	ת	ע	ב	ג	צ	ל	ה	ל
ם	ת	א	ט	ש	ש	ן	נ	ג	ע	ל	ם	נ	ד

המרפסת
מגרפה
גדר
סלעים
בריכה
אדמה
טרסה
טרמפולינה
צינור
גפן

עץ
ערסל
בוש
דשא
עשבים שוטים
פרח
מוסך
גן
את חפירה
ספסל

33 - Frutta

ל	כ	ם	מ	ג	ף	ע	ד	מ	ר	ב	ב	ן	ת
י	ת	ל	מ	ת	כ	מ	נ	ל	פ	ס	ב	ר	ק
מ	ן	ע	ג	ה	ר	ף	ק	ו	פ	ב	ם	מ	י
ו	ס	א	ם	ה	א	ד	ט	ן	ג	ס	ף	כ	ו
ן	ש	ר	ת	כ	ב	ב	ר	מ	ל	ס	ן	ת	ו
ף	צ	ת	ב	ת	ט	ת	י	א	ה	ט	ב	ף	י
ע	ש	ח	ן	ו	צ	פ	נ	מ	פ	ט	ל	ם	א
ן	ת	ט	ש	ם	מ	ו	ה	ר	ש	פ	פ	ה	ר
ה	א	פ	ר	ס	ק	ח	ב	ר	ז	מ	א	ג	ס
א	נ	ת	ס	ל	ת	ד	מ	פ	י	ג	ש	י	ט
ח	ה	ד	ו	ב	ד	ב	ן	פ	ף	ת	כ	ב	ה
ף	פ	ה	ף	ם	א	ל	נ	ן	ה	ל	ת	נ	ב
מ	נ	ג	ו	ג	פ	ן	ש	א	נ	נ	ס	נ	צ
א	ב	ו	ק	ד	ו	ן	ד	ר	פ	ד	ר	ה	ט

משמש
אננס
כתום
אבוקדו
ברי
בננה
דובדבן
תאנה
קיווי
פטל

לימון
מנגו
תפוח
מלון
נקטרינה
פפאיה
אגס
אפרסק
שזיף
גפן

34 - Fattoria #2

נ	ל	ר	ב	ם	ת	א	ף	ס	כ	ל	ש	צ	ט
ח	י	ו	ת	ס	א	י	ר	ף	מ	ר	ג	כ	ד
ל	ר	ן	ד	ף	ן	כ	ר	א	ס	ם	ת	ב	ר
ב	ק	נ	כ	ו	ו	ר	ת	ס	פ	ס	ב	ש	ף
ם	ת	כ	ח	מ	ט	פ	י	ר	ו	ת	ב	ב	א
ה	נ	א	מ	ז	ו	ן	ש	ש	ל	ח	ר	ף	ו
ח	ר	מ	ת	ן	א	ר	ט	ר	ק	ט	ו	ר	ו
ס	י	כ	ד	ש	ח	ה	ל	מ	כ	ש	ו	פ	ז
ד	מ	ט	ב	ע	ו	ן	ה	ס	מ	ע	ז	ב	י
ט	מ	כ	ה	ש	ק	י	ה	ש	ל	ו	כ	ש	ם
ל	א	ל	ר	ל	י	פ	ג	ר	ב	ר	צ	ם	מ
נ	ע	ל	ד	ל	ה	ם	ן	ט	ה	ה	ת	ת	ם
ל	ג	ד	ו	ל	א	מ	ה	ן	ה	מ	ס	ט	ס
ח	פ	נ	ט	ט	ל	כ	ע	ל	א	ם	ת	ג	נ

טלה
איכר
כוורת
ברווז
חיות
מזון
לגדול
אסם
פירות
חיטה

השקיה
לאמה
חלב
תירס
אווזים
שעורה
כבשים
אחו
טרקטור
ירק

35 - Dinosauri

א	ן	ע	ע	ד	א	ח	ס	א	ט	ב	מ	פ	ד
ג	נ	ן	ה	צ	ב	כ	ד	ו	ר	ה	א	ר	ץ
פ	ג	ל	מ	מ	ו	ת	ה	ס	ף	ש	ל	כ	ן
ר	ה	כ	ג	י	ל	ם	ד	ן	נ	ח	ע	נ	ה
ה	ח	ף	ו	נ	ו	ז	ט	ן	נ	ס	ף	פ	מ
י	י	צ	ד	י	צ	ט	נ	ג	ד	ו	ל	י	ר
ס	ד	ע	ל	ם	י	מ	ש	ב	מ	ן	ן	י	ו
ט	ג	ב	ל	ל	ה	ם	ן	ן	ס	ש	ן	ם	ש
ו	מ	ר	ע	מ	א	ו	ב	נ	י	ם	נ	ד	ע
ר	ט	ר	נ	א	ו	ב	ל	ע	ש	ב	ר	כ	ש
י	ע	ן	ד	ף	צ	ת	א	כ	ג	ר	ה	ד	ד
ז	ו	ח	ל	ח	ן	מ	ט	ל	ב	ר	ח	ן	ה
ע	ד	ז	ב	צ	ם	נ	פ	ת	ף	מ	ם	ת	ם
ד	ה	ק	ת	ס	נ	נ	ד	מ	ר	ח	ט	ה	כ

כנפיים
זנב
עצום
אוכל עשב
אבולוציה
מאובנים
גדול
ממותה
חזק

טרף
פרהיסטורי
זוחל
היעלמות
מינים
גודל
כדור הארץ
מרושע

36 - Verdure

ה	נ	כ	ת	ט	ט	ט	ש	ט	פ	נ	צ	צ	ס
כ	כ	ס	מ	פ	ת	נ	א	ג	ם	ס	פ	ן	פ
ה	י	י	ר	ט	פ	ף	ל	ן	ד	ב	ע	ט	ט
ף	א	מ	ע	ס	ו	ג	ו	א	צ	ג	מ	ה	ר
ת	פ	ל	י	צ	ח	פ	ת	צ	ב	ן	ף	ח	ו
ת	ו	פ	מ	ג	א	ג	כ	נ	צ	ר	ן	ס	ז
ר	נ	פ	ע	י	ד	ד	י	ו	ת	ס	ל	פ	י
ד	ה	ו	ר	נ	מ	י	פ	ן	ס	ר	א	ד	ל
ל	ף	ן	ר	ג	ה	צ	ע	נ	י	ע	א	ג	י
ע	פ	ד	ג	ר	ע	ס	ב	ס	ס	ל	ט	ם	ה
ת	י	ל	ו	ק	ו	ר	ב	ש	ל	ג	כ	כ	ב
נ	ל	ס	צ	צ	כ	ן	א	ו	ט	ז	פ	צ	ם
ף	ס	ב	א	ב	מ	ח	ן	ם	צ	ר	ל	ה	ף
נ	ב	ת	ע	ד	ט	ס	ק	ו	ש	י	ט	ר	א

אפונה
עגבנייה
פטרוזיליה
לפת
צנון
שאלות
סלרי
תרד
ג'ינג'ר
דלעת

שום
ברוקולי
ארטישוק
גזר
מלפפון
בצל
פטרייה
סלט
חציל
תפוח אדמה

37 - Scuola #2

ת	מ	א	מ	א	ו	ט	ו	ב	ו	ס	ת	ם	ר
ד	ש	ק	ס	י	ס	ל	ש	כ	ט	פ	א	ת	מ
ת	ח	ד	פ	ד	ל	ל	ס	ד	נ	ר	ת	ש	ד
ר	ק	מ	ר	ק	ס	ו	א	ע	ס	י	ר	ד	ג
מ	י	י	י	ד	א	פ	ן	ק	א	ם	א	ח	ר
י	ם	ה	י	ו	מ	א	ר	ר	מ	מ	ו	ר	ה
ל	ח	ת	ם	ק	ם	ג	ת	י	ת	ת	פ	מ	ת
מ	ש	ל	מ	פ	פ	ד	ת	א	ה	מ	ד	ע	ר
נ	י	י	ר	ח	ט	ל	ל	ה	ג	ט	ג	ט	מ
ה	ע	י	פ	ר	ו	ן	ו	ם	ל	י	צ	א	פ
ף	ן	ל	ס	מ	ר	ש	ח	ס	ה	ק	ה	ה	ס
ם	ת	ף	י	ת	מ	ח	ש	ב	נ	ה	ה	א	ל
ת	ע	ד	ח	י	ל	ג	נ	ס	ח	י	נ	ו	ך
ס	ע	ן	כ	ס	ם	ר	ה	ס	פ	ר	ו	ת	ן

אקדמי
אוטובוס
ספריה
לוח שנה
נייר
מחשב
מילון
חינוך
מספריים
משחקים

דקדוק
מורה
ספרות
קריאה
ספרים
מתמטיקה
עיפרון
נעליים
מדע
תרמיל

38 - Gentilezza

ת	ט	ט	ח	ל	מ	נ	ל	ח	ל	ה	מ	ב	ש
ס	ב	כ	ב	ב	ג	מ	ע	א	צ	פ	פ	ק	מ
ח	ב	צ	ת	נ	ע	פ	א	מ	י	ן	ת	ש	ח
י	ט	ל	א	ה	מ	א	נ	ל	ט	נ	נ	ו	ר
ב	נ	כ	נ	פ	י	מ	ת	ס	ס	מ	ר	ב	ח
ה	ב	נ	ה	י	ד	ס	ה	ח	ם	ף	צ	ה	ו
ס	ו	ב	ל	נ	י	ב	ם	ד	מ	ר	ן	ף	ם
כ	נ	ה	א	כ	ד	י	מ	ק	ו	ר	י	ס	ל
מ	ג	מ	ה	ן	ו	ר	ת	ט	ח	כ	צ	ן	ם
ח	ע	ן	ו	פ	ת	י	ע	ד	י	ן	ב	נ	ב
ל	ש	ט	ב	צ	י	פ	מ	ו	ע	י	ל	ו	נ
א	ג	צ	ש	פ	ד	נ	ס	ע	ן	פ	ג	ן	ד
ר	ר	ט	צ	ח	ת	י	פ	ש	ן	ט	ף	נ	י
ת	ר	ף	כ	ף	א	ם	ש	ר	ן	פ	ח	ב	ב

נדיב
מקורי
כנה
מסבירי פנים
סבלני
פתוח
כבוד
סובלני
מועיל

חיבה
אמין
ידידותי
לאהוב
קשוב
רחום
הבנה
עדין
שמח

39 - Barbecue

נ	א	ב	ב	ה	ח	מ	ס	מ	ש	פ	ח	ה	פ
א	מ	נ	ח	ז	מ	ט	א	כ	ן	ג	ף	נ	י
מ	ת	ל	א	מ	ב	כ	ח	ס	י	נ	ב	נ	ר
ו	ל	ע	ר	נ	ג	צ	ן	ל	נ	נ	ס	ש	ו
ז	מ	ח	ו	ה	ר	ע	ב	ט	ש	פ	י	ד	ת
י	ש	ע	ח	ף	י	ף	צ	י	ט	ן	ב	ם	צ
ק	ח	ג	ת	צ	ל	ח	ם	ם	מ	ר	ו	ט	ב
ה	ק	ב	ע	ר	ס	ה	ה	ט	ז	ש	ט	א	ה
צ	י	נ	ר	צ	ח	ע	ש	ב	ו	ח	ת	פ	ח
צ	ם	י	ב	צ	ל	כ	מ	ר	ן	ח	ע	מ	נ
ב	ס	ו	ד	מ	ג	ג	נ	ש	ש	מ	ס	ל	ם
פ	נ	ת	צ	פ	ט	ב	ק	י	ץ	ב	ף	פ	מ
א	ר	ו	ח	ת	צ	ה	ר	י	י	ם	ח	ן	ג
פ	ג	ל	ד	ן	ר	ד	ג	ג	ד	פ	ל	פ	ל

חם
ארוחת ערב
מזון
בצל
סכינים
קיץ
רעב
משפחה
פירות
משחקים

גריל
סלטים
הזמנה
מוזיקה
פלפל
עוף
עגבניות
ארוחת צהריים
מלח
רוטב

40 - Riempire

ת	י	ב	ח	ל	ס	ה	ח	ם	א	ז	ג	ר	א
ף	פ	ק	ם	ג	ש	פ	ם	ם	א	ן	נ	ג	ג
מ	ר	ב	ת	נ	ח	ם	ע	ס	ג	ף	ר	ן	ן
ג	ת	ו	י	ד	ד	ה	ל	ד	ע	ט	ד	נ	ש
ל	ם	ק	ב	ה	י	ק	י	ת	ל	מ	צ	ד	ד
ת	א	א	ה	ג	כ	ח	ל	ל	צ	ט	מ	ל	ת
ט	ן	ב	ה	ר	י	ג	מ	ג	ר	ו	נ	י	צ
ש	ס	ה	ד	ו	ו	ז	מ	א	ם	ת	ק	ג	ה
ב	ת	ע	ת	מ	ח	צ	ע	ת	ט	ת	ק	ב	ל
ל	ב	ע	ח	נ	ט	ב	ט	ע	נ	א	ר	צ	א
ב	ם	ש	נ	נ	ד	ח	פ	מ	ב	ה	ט	ט	ח
ג	ף	ל	ע	ג	מ	ח	ה	ח	כ	ר	ו	ב	כ
ל	פ	פ	ע	ף	ש	ח	ן	ע	ע	ף	ן	י	ב
ת	צ	ם	ב	ד	כ	פ	ם	ש	ג	מ	ס	א	ר

אגן
חבית
תיק
בקבוק
מעטפה
תיקיה
קרטון
ארגז
מגירה

סל
תיבה
דלי
כיס
צינור
מזוודה
אגרטל
מגש

41 - Insetti

פ	ה	ד	ס	נ	ט	נ	ד	ב	ו	ר	ה	ע	ד
א	ר	ב	ה	ט	ב	מ	ז	ח	ל	פ	ג	ב	ל
ף	ש	ת	ב	ח	ב	ל	ה	פ	פ	ח	מ	ם	ב
ח	ג	ב	מ	פ	ח	ה	מ	ח	צ	צ	ל	ד	ת
י	ת	ו	ש	ש	ט	ר	מ	י	ט	ס	ש	ת	ג
פ	ש	ד	א	פ	ה	צ	ב	ם	ן	פ	ל	ם	ן
ו	ט	ס	ם	י	ס	ר	נ	נ	מ	ת	מ	ג	ה
ש	ח	ן	ש	ר	ם	ע	ב	כ	ש	ק	ה	צ	ח
י	ש	פ	ה	י	ם	ה	ב	נ	ר	צ	ק	ס	ע
ת	ב	ר	פ	ת	ת	ח	פ	י	ו	י	ר	ת	פ
ן	ג	פ	ר	ף	ף	ו	ב	מ	ת	ק	ת	ף	ר
ה	ד	ר	ע	ש	ם	נ	ל	ה	ן	ד	מ	ה	ם
ס	ב	ח	ו	ג	ל	ג	ג	ע	ן	ה	ה	ב	צ
ן	מ	נ	ש	ס	ף	נ	ם	ר	ת	ט	ח	ט	א

כנימה
דבורה
חגב
ציקדה
פרת משה רבנו
חיפושית
עש
פרפר
נמלה
זחל

שפירית
ארבה
גמל שלמה
פרעוש
מקק
טרמיט
תולעת
צרעה
יתוש

42 - Erboristeria

ע	ה	מ	ס	ף	א	ז	ל	ת	ת	ג	ע	ד	ם
נ	ט	ק	ו	ר	י	ע	ה	ט	ן	ד	ת	ע	ט
מ	פ	א	ג	ו	כ	פ	ס	ר	ה	א	ד	י	ק
ה	י	ל	י	ז	ו	ר	ט	פ	ע	ת	מ	א	ו
ב	י	כ	ר	מ	ת	ן	ח	ר	פ	י	ע	ר	ל
ר	י	מ	ש	ר	ד	נ	ב	ל	ן	מ	ר	ו	י
ף	כ	ת	ו	י	ט	ח	ט	ח	ש	מ	ב	מ	נ
מ	ה	פ	ם	ן	ש	ה	צ	א	י	ע	ע	ט	ר
מ	ן	ן	ל	נ	ו	נ	ן	ו	ג	ר	ט	י	י
ר	ל	ן	ן	ר	מ	ע	ר	ר	ם	צ	ה	ן	ל
פ	ע	ף	י	ן	ר	ן	פ	ג	ע	ף	מ	ס	ם
ן	ג	ח	ה	ט	נ	מ	א	נ	ב	פ	נ	ר	כ
ט	ן	ר	ב	א	ן	כ	ח	ו	ב	צ	ב	פ	ש
ת	כ	מ	ל	א	ט	ד	ל	ן	ב	נ	ט	ע	ע

לבנדר
מיורן
מנטה
אורגנו
פטרוזיליה
איכות
רוזמרין
טימין
ירוק
זעפרן

שום
שמיר
ארומטי
ריחן
קולינרי
טרגון
שומר
פרח
גן
מרכיב

43 - Danza

ד	ק	כ	ט	ש	ב	ן	צ	ם	א	ד	ב	ק	ש
ח	צ	ו	כ	ט	כ	ת	א	א	צ	ת	מ	ל	ב
מ	ב	ר	ג	ש	ת	ס	ק	מ	ן	ע	ח		ה
מ	ב	י	ע	ו	ח	פ	ד	ו	נ	ע	ב	א	כ
ס	מ	א	נ	ל	ף	ע	מ	ז	כ	ו	ר	ס	ע
ו	פ	ו	ה	כ	נ	ף	י	י	ב	א	ת		ח
ר	ן	ג	ת	נ	ו	ע	ה	ק	צ	ם	ב	י	ג
ת	ף	ר	ר	א	ר	ג	ש	ה	ם	י	ת	ם	מ
י	ג	פ	ב	ט	כ	ס	ח	ל	נ	כ	ב	ה	ע
ב	ח	י	ו	כ	ל	ת	כ	ן	ס	ב	צ	ה	ש
פ	ז	ה	ת	ח	ף	ל	ן	ף	ע	ס	ב	כ	ה
ר	ו	ח	צ	ן	ש	ף	ה	ג	ט	מ	ל	ר	ח
ף	ת	ט	ב	ת	ז	ו	ג	ס	נ	צ	ד	ן	ט
ר	י	ל	ת	ח	צ	ר	ש	מ	ח	ז	ר	ה	ת

אקדמיה
אמנות
קלַאסִי
בת זוג
כוריאוגרפיה
גוף
תרבות
רגש
מביע
שמח
תנועה
מוזיקה
יציבה
חזרה
קצב
מסורתי
חזותי

44 - Scuola #1

נ	ף	ס	ד	ט	נ	ל	כ	ת	ו	ב	ח	ס	ס
ה	ש	כ	ח	ט	ט	ח	י	כ	ה	א	ס	מ	ח
ר	פ	ג	ג	ת	כ	כ	ת	ג	ה	ל	א	נ	ח
ר	ר	א	ש	מ	ת	ע	ה	ב	ס	פ	ר	י	ם
ג	ח	י	ד	ו	ן	י	א	ש	ח	ב	ו	ם	ב
כ	י	ס	א	מ	ט	פ	ק	כ	מ	י	ח	ל	ר
ב	ח	י	נ	ו	ת	ר	ט	י	ד	ת	ת	מ	ש
צ	ע	נ	ע	ר	ף	ו	ע	ד	ו	מ	צ	ב	ם
ם	ע	נ	י	ה	ף	ן	נ	מ	מ	ת	ה	ע	נ
ע	פ	ש	צ	י	ג	כ	פ	ט	ס	מ	ר	מ	ן
ס	פ	ר	י	ה	ר	ש	י	כ	פ	ט	י	ל	ת
ת	ש	ו	ב	ו	ת	צ	ם	ף	ר	י	י	ף	ל
ח	ב	ר	י	ם	ע	ט	י	ם	י	ק	ם	צ	ט
ג	ג	א	ד	ח	פ	ח	ט	כ	ם	ה	ה	ב	ד

אלפבית
חברים
כיתה
ספריה
נייר
תיקיות
כיף
בחינות
מורה
ספרים
סמנים
מתמטיקה
עיפרון
מספרים
עטים
ארוחת צהריים
חידון
תשובות
לכתוב
כיסא

45 - Fiori

א	ס	כ	צ	ב	ר	א	מ	א	מ	פ	ע	ם	ה
ג	ג	כ	ב	ח	ד	מ	נ	כ	ח	ר	ס	ס	ל
מ	ר	א	ע	מ	י	ר	א	ע	ח	ג	ח	צ	ן
ף	ד	ר	ו	נ	י	ה	י	ל	ו	נ	ג	מ	ת
ג	נ	נ	נ	י	ז	ד	ס	י	ך	ל	י	ל	פ
ם	י	ט	י	ת	י	ח	מ	כ	ד	ש	ת	ב	ס
ת	ה	ע	ל	ג	ף	ש	י	ו	נ	ן	נ	נ	י
ם	נ	ש	צ	ס	נ	ד	ן	ת	פ	ה	ף	ד	פ
ע	ד	מ	ג	ן	ש	ו	ש	ר	ג	א	ח	ר	ל
ל	כ	ס	ד	ף	ב	ל	ן	ת	ל	ר	ט	ה	ו
ת	ל	ש	צ	ח	ת	ת	מ	ח	נ	י	ר	מ	ר
ם	צ	ן	ח	ח	כ	ס	ו	ק	ס	י	ב	י	ה
כ	פ	ל	ף	ש	ס	צ	ז	צ	מ	ל	ד	ר	נ
ב	ל	ח	ס	י	ק	ר	נ	ף	נ	ש	ן	ט	ח

זר
נרקיס
סחלב
פרג
פסיפלורה
אדמונית
עלי כותרת
ורד
תלתן
צבעוני

שן הארי
גרדניה
יסמין
שושן
חמנית
היביסקוס
לבנדר
לילך
מגנוליה
דייזי

46 - Ecologia

פ	ס	ב	נ	נ	ש	ף	ע	ה	צ	ג	נ	ח	ש
ג	י	ו	ו	ן	ף	ן	ן	מ	ף	ן	ח	ם	ע
א	ק	ל	י	ם	צ	ד	ט	ס	פ	ם	ף	ט	ת
ב	כ	ה	ר	י	ם	ף	ע	ס	ע	ש	פ	ב	ם
ק	ר	מ	י	נ	י	ם	ב	פ	כ	צ	ן	ע	ט
ת	ה	ק	ט	ש	ן	פ	ל	מ	ש	א	ב	י	ם
צ	ח	י	י	א	ר	ם	ן	ר	ם	ר	צ	צ	ל
ן	י	א	ל	י	ן	ד	ף	ש	צ	ר	ו	א	ח
ט	ב	ע	צ	ו	מ	נ	ו	ש	מ	ן	ר	מ	ס
ת	ם	כ	פ	ן	ת	א	ת	ת	ח	צ	ת	ג	ג
פ	ר	צ	מ	ח	י	ם	י	מ	י	פ	ל	ו	ף
ש	ל	ן	צ	מ	ת	נ	ד	ב	י	ם	נ	ו	ה
ב	נ	א	ג	נ	ת	ע	ל	ה	ה	ע	ף	ן	ב
מ	פ	ת	ב	ת	ב	ם	ף	ד	כ	כ	ע	ר	א

אקלים
קהילות
גיוון
החי
ימי
הרים
טבע
טבעי
מרש

צמחים
משאבים
בצורת
הישרדות
בר קיימא
מינים
מגוון
צמחייה
מתנדבים

47 - Discipline Scientifiche

א	א	ר	א	ג	מ	כ	ג	ל	ם	נ	מ	צ	ט
ס	ב	ף	ר	ת	ב	י	י	ע	כ	פ	כ	ס	ד
ט	ד	ה	כ	ר	ל	ע	נ	מ	צ	כ	נ	ף	ע
ר	ח	ד	א	צ	ש	ג	פ	ר	י	ע	י	ב	ט
ו	ג	ב	ו	ט	נ	י	ק	ה	ל	ה	ק	ג	ס
נ	ח	י	ל	ה	ו	ב	ם	א	ן	ו	ה	ב	ב
ו	ל	ו	ו	ח	ת	י	ש	ש	ב	ב	ג	א	ט
מ	א	ל	ג	י	א	ו	ל	ו	ג	י	ה	י	ג
י	נ	ו	י	ב	נ	כ	ל	ש	ס	ר	מ	כ	ה
ה	ט	ג	ה	נ	ו	י	ר	ו	ל	ו	ג	י	ה
ל	ו	י	ה	כ	ט	מ	ס	ע	ה	ן	מ	ל	נ
ל	מ	ה	פ	י	ז	י	ו	ל	ו	ג	י	ה	צ
ף	י	ש	ל	ב	ר	ה	ג	כ	ע	ח	ב	צ	נ
ט	ה	א	ק	ו	ל	ו	ג	י	ה	פ	ד	מ	ן

אנטומיה
ארכאולוגיה
אסטרונומיה
ביוכימיה
ביולוגיה
בוטניקה
כימיה
אקולוגיה
פיזיולוגיה
גיאולוגיה
בלשנות
מכניקה
מינרלוגיה
נוירולוגיה

48 - Scienza

ח	פ	א	מ	צ	מ	ו	ל	ק	ו	ל	ו	ת	נ
ל	י	ט	ד	מ	א	מ	ד	ס	ל	ל	פ	ה	ת
ק	ז	ו	ע	ח	ו	ם	ט	ע	ה	ל	ן	ש	ו
י	י	ם	ן	י	ב	א	א	כ	ד	ם	ל	ד	נ
ק	ק	ר	ם	ם	ן	נ	ק	ח	נ	ד	מ	ה	י
י	ה	ע	מ	י	נ	ר	ל	י	ם	י	א	צ	ם
ם	ש	ן	ו	ט	א	ש	י	ד	מ	צ	ס	ת	ט
מ	י	ן	ט	ב	ס	ו	ם	ט	צ	ר	ח	ו	ט
כ	ט	ה	מ	ע	ד	מ	ר	צ	ר	ח	ן	א	י
ף	ה	נ	ח	ה	ד	ה	נ	ג	נ	ש	ב	ח	ב
ס	א	ב	ו	ל	ו	צ	י	ה	נ	פ	כ	צ	ב
מ	ע	ב	ד	ה	כ	י	מ	י	ב	י	א	ח	ג
צ	ס	מ	ן	ד	ג	ח	ס	ע	צ	ת	ז	נ	פ
ה	ב	צ	ן	ס	ח	ד	ף	ל	ס	נ	צ	ם	ב

אטום
כימי
אקלים
נתונים
ניסוי
אבולוציה
עובדה
פיזיקה
מאובן
הנחה

מעבדה
שיטה
מינרלים
מולקולות
טבע
אורגניזם
חלקיקים
צמחים
מדען

49 - Acqua

מ	ו	נ	ס	ו	ן	א	ו	ק	י	י	נ	ו	ס
א	ק	ב	ה	נ	כ	י	א	מ	כ	פ	ו	ר	ס
ג	ג	ל	פ	כ	ל	ד	מ	כ	ר	ל	פ	ם	א
ם	כ	פ	ח	ג	ח	ו	צ	ש	ט	כ	ח	ב	נ
ה	נ	א	ע	ת	ו	י	ף	ת	ד	ן	ב	ת	ה
ם	ט	ס	ד	ב	ת	ל	ד	ג	ת	ה	ם	ן	ר
ן	ח	ף	צ	ה	ק	נ	ש	י	ן	ש	ח	ת	ף
ל	ב	ג	ע	מ	ר	ט	צ	י	ג	ק	ל	צ	ב
כ	ד	ת	ג	ב	ח	ד	ף	ז	ע	י	מ	ג	נ
ה	ג	ל	ט	ת	ט	נ	ש	ר	ח	ה	ם	ש	ש
צ	ל	ע	ט	ת	ש	ס	ד	כ	ן	ת	ר	ם	ן
ס	י	צ	ט	מ	ע	ט	כ	כ	ם	ע	ח	ח	א
ב	ם	ש	ף	ת	ל	נ	ב	ת	מ	ל	ח	מ	ל
ה	ו	ר	י	ק	ן	א	ט	פ	ן	ה	ע	ף	א

התעלה
מקלחת
אידוי
נהר
כפור
גייזר
קרח
השקיה
אגם

מונסון
שלג
אוקיינוס
גלים
גשם
לחות
לח
הוריקן

50 - Gatti

ן	ז	ם	ת	פ	ר	ם	מ	מ	צ	ל	ר	מ	ם
ע	מ	נ	ן	ר	ד	ב	ף	ס	צ	ד	ש	צ	ף
ת	ל	ש	ב	א	י	ש	י	ו	ת	צ	ה	ח	ן
ל	מ	י	ו	י	ד	ת	ס	ל	ב	ב	ע	י	ט
ל	נ	נ	ח	ג	י	מ	ק	ט	ן	ל	ט	ק	מ
ת	א	ה	פ	נ	ע	ש	ר	ט	ע	צ	מ	א	י
ל	ח	ו	ט	פ	כ	נ	ן	ד	פ	נ	ג	ר	ה
צ	י	י	ד	ר	ב	ד	ש	ר	ף	ב	ל	פ	נ
ף	ב	מ	ט	ו	ר	ת	ח	ן	ר	ן	מ	ח	א
צ	ה	ט	פ	ו	ח	צ	ת	ף	ף	ף	פ	ל	ס
ש	ד	ח	נ	ה	ד	ב	ם	נ	ף	ן	ב	מ	נ
מ	ל	ל	ה	ס	צ	צ	ש	ס	ד	ח	ד	ב	כ
ט	ף	ת	ע	נ	צ	ג	ת	ש	פ	כ	צ	צ	כ
ב	פ	ה	ה	א	ע	צ	צ	ה	ש	ע	ס	ד	ע

חיבה
צייד
זנב
סקרן
מצחיק
שינה
חוט
עצמאי

משוגע
פרווה
אישיות
קטן
פראי
ביישן
עכבר
כפה

51 - Surf

ת	א	ם	צ	א	ה	ס	ג	נ	ו	ן	א	ח	מ
ק	י	ב	ה	ו	ר	פ	ף	מ	נ	ר	פ	ש	ה
ה	ף	ן	ח	ק	ש	ו	כ	ד	ד	ה	ה	ח	י
ל	ר	ס	ם	י	ד	ר	ח	ע	ש	ש	ה	א	ר
ע	ח	ש	ת	י	ס	ט	כ	ר	א	ן	ט	ן	ו
ג	ו	ם	ט	נ	ר	א	ל	ף	ק	מ	ס	א	ת
ה	ף	א	ש	ו	נ	י	ת	ן	י	צ	ע	מ	פ
כ	כ	ד	א	ס	ט	כ	ל	ע	צ	ן	ף	ז	ב
פ	ו	פ	ו	ל	ר	י	ש	ח	ו	ם	ף	ג	ל
ד	כ	ח	ר	ש	ו	ף	ח	ן	נ	ע	ת	א	ל
צ	ח	ח	ר	ח	ע	ף	ו	ג	י	א	ח	ו	ס
ם	ל	ף	פ	ר	ד	מ	ת	ח	י	ל	ל	ו	ה
ף	ד	ר	פ	ס	ל	ש	ן	מ	צ	ן	ר	י	א
צ	נ	ג	ש	ל	ה	ם	ס	א	א	ח	ע	ר	פ

גל
פופולרי
מתחיל
קצף
שונית
חוף
סגנון
קיבה
מהירות

ספורטאי
אלוף
כיף
קיצוני
קהל
כוח
מזג אוויר
לשחות
אוקיינוס

52 - Imbarcazioni

ת	ב	מ	ל	ח	מ	ד	ת	נ	ן	מ	ד	ם	ן
ק	א	נ	ו	ן	צ	ש	ו	ת	ב	פ	ל	ר	ר
ח	ט	ו	ה	ף	ו	צ	ר	ל	כ	ר	ת	צ	ל
כ	ב	ע	פ	ע	ף	א	ן	ן	א	ש	ח	ג	ם
ש	צ	ל	מ	ף	ה	ד	ף	כ	ק	י	א	ק	א
פ	ו	מ	ע	ב	ו	ר	ת	י	ג	ת	ד	מ	ו
מ	ו	י	א	כ	ט	ה	ן	ם	מ	ל	ד	ע	ק
ט	ת	ס	מ	ת	ג	צ	ל	ד	ף	י	י	ע	י
נ	ה	ר	פ	ס	ו	ד	ה	א	ן	ם	כ	ם	י
נ	ף	ג	ף	ס	מ	כ	ל	ה	ע	ו	ג	ן	נ
ר	ס	ף	ר	ל	ב	ף	ש	ר	ף	ף	א	נ	ו
ש	ד	ג	ר	א	ש	ע	מ	ס	ף	ט	ו	נ	ס
א	ג	ם	ף	ט	ש	ס	נ	ס	ג	ד	ת	ח	א
צ	ג	ר	א	פ	ש	פ	א	ע	ט	ן	מ	ם	ה

תורן
עוגן
מפרשית
מצוף
קאנו
חבל
צוות
נהר
קיאק
אגם

ים
גאות
מלח
מנוע
ימי
אוקיינוס
גלים
מעבורת
יאכטה
רפסודה

53 - Api

ם	י	י	פ	נ	כ	ה	ן	פ	ן	ו	ז	מ	ד
מ	צ	ק	ר	ח	ע	ב	ר	ר	ם	ר	ל	ף	ד
ן	ס	צ	ט	י	מ	ח	ע	י	נ	כ	מ	כ	ב
ע	ע	מ	כ	ל	י	א	פ	ח	ה	ו	ו	ע	ש
ש	א	ח	מ	ם	ף	ט	ל	ה	ת	ו	ע	ד	מ
ת	כ	י	ר	ח	ף	ס	ט	ל	מ	ר	י	ס	ש
נ	ס	ם	ת	ד	מ	צ	ע	מ	ח	ת	ל	מ	א
ג	מ	ח	ן	ם	ד	ס	נ	מ	א	ג	נ	צ	ת
ס	פ	ג	ג	כ	ר	נ	צ	ר	נ	ל	נ	א	פ
ם	ר	ד	י	ע	א	ש	נ	ע	ר	א	ג	ב	י
ן	א	ב	ו	כ	ר	ן	ה	כ	ס	ה	ן	ק	ר
ם	ס	ח	ו	ג	ת	ב	ן	צ	ס	ה	ד	ה	ו
נ	ף	ח	ן	ת	ן	ש	ע	ס	ף	ה	מ	ד	ת
נ	צ	ד	ס	ס	ע	ף	ט	נ	ס	ש	צ	ל	ם

עשן
גן
חרק
דבש
צמחים
אבקה
מלכה
נחיל
שמש

כנפיים
כוורת
מועיל
שעווה
מזון
גיוון
פרחים
פריחה
פירות

54 - Strumenti Musicali

ס	ב	ר	ל	א	ב	ו	ב	ה	ר	פ	מ	ג	נ
ק	נ	ן	ג	ו	נ	ג	ש	ג	ר	ר	ח	פ	ד
ס	צ	ב	נ	ת	ג	י	ט	ר	ה	מ	ט	ס	ח
ו	ט	מ	ת	נ	ו	ש	צ	ק	ל	ר	י	נ	ט
פ	ט	ר	ו	מ	ב	ו	ן	ם	ה	י	ם	ת	פ
ו	ל	ף	ף	ף	ת	ל	מ	כ	פ	מ	ר	ר	ף
ן	פ	ח	מ	ד	כ	י	נ	ו	ר	ב	צ	ל	ו
מ	ן	ן	ר	ר	ם	ד	ד	כ	ע	ה	א	ן	פ
ח	מ	מ	י	מ	ק	ל	ו	ת	ת	י	פ	ו	ף
ל	צ	פ	ם	ת	ת	ם	ל	ת	ו	ף	ג	ב	ת
י	ט	ו	ו	ת	ד	ס	י	ש	מ	ש	ח	ס	ג
ל	ת	צ	צ	ח	ש	ת	נ	צ	ס	ח	ח	ו	ש
ב	ע	צ	ס	ר	י	ג	ה	ת	ר	מ	ג	ן	ל
ט	צ	פ	צ	ן	ה	ת	ת	מ	ס	ל	ם	ש	כ

מפוחית
נבל
מקלות תיפוף
בנג'ו
גיטרה
קלרינט
בסון
חליל
גונג
מנדולינה

מרימבה
אבוב
פסנתר
סקסופון
תוף מרים
תוף
חצוצרה
טרומבון
כינור
צ'לו

55 - Professioni #2

א	ן	נ	פ	ח	ש	פ	ד	נ	ג	ן	ס	ע	ג
מ	ה	צ	י	י	ר	כ	ך	ל	נ	פ	פ	י	ב
ב	ט	צ	ל	ר	ת	ח	מ	ר	ן	ה	ר	ת	ש
ף	ד	ס	ו	נ	ב	נ	ח	ו	ק	ר	נ	ו	ש
א	ש	ט	ס	ש	א	נ	ה	פ	ר	מ	י	נ	ט
ב	ס	א	ו	ף	ם	ן	ס	א	א	ה	ת	א	ד
ל	י	ט	ף	ג	ם	ם	ח	ש	ב	נ	מ	י	ג
ש	ל	ו	ר	מ	ג	ע	ס	י	פ	ד	ש	א	ח
ן	ף	ט	ל	ו	פ	ש	ט	נ	ם	ס	ר	ח	ן
ד	ת	ג	צ	ו	נ	ח	א	י	מ	ב	ל	ש	ט
ב	פ	ם	צ	מ	ג	א	ש	י	מ	א	י	י	ר
מ	נ	ת	ח	ף	ע	ג	ו	ם	צ	ל	ם	כ	ש
ר	ו	פ	א	ג	ה	ה	ר	ט	י	י	ס	ת	ף
ר	ז	ו	א	ו	ל	ו	ג	ם	א	ב	ס	ס	ן

אסטרונאוט
ספרנית
ביולוג
מנתח
רופא שיניים
בלש
פילוסוף
צלם
גנן
עיתונאי

מאייר
מהנדס
מורה
ממציא
בלשן
רופא
טייס
צייר
חוקר
זואולוג

56 - Letteratura

ש	ה	ש	ו	ו	א	ה	ת	ד	ע	ה	ל	א	ט
ב	י	ו	ג	ר	פ	י	ה	י	ר	ס	ב	נ	ר
ב	ע	ר	כ	ת	נ	ו	ש	א	א	ן	כ	ל	ג
מ	ת	ש	ס	ג	א	ג	ש	ל	נ	ו	ב	ו	ד
ט	ש	ט	י	ג	ע	ב	ד	ו	ק	ק	ר	ג	י
מ	ס	ט	כ	ט	ח	כ	ב	ג	ד	צ	ת	י	ה
ף	ח	פ	ו	א	ט	י	צ	כ	ו	ב	ר	ה	מ
ד	ף	ר	ם	ש	ם	ם	ש	א	ט	ר	ע	מ	ש
ע	פ	ד	ו	פ	כ	ד	צ	ן	ה	ט	ש	ל	פ
ל	ם	ע	ס	ז	א	נ	ר	מ	ט	פ	ו	ר	ה
ף	ג	ף	ג	מ	ח	ב	ר	ש	כ	ב	ף	ה	ה
ט	ף	ל	נ	י	ת	ו	ח	ש	א	א	ת	ת	ח
ת	ם	ח	ו	ב	ב	ח	א	ף	ט	ד	ח	ה	ף
ר	ו	מ	ן	א	ף	ח	ש	ת	ה	א	ן	ם	ל

ניתוח
אנלוגיה
אנקדוטה
מחבר
ביוגרפיה
סיכום
השוואה
תיאור
דיאלוג
ז'אנר

מטפורה
דעה
שיר
פואטי
חרוז
קצב
רומן
סגנון
ערכת נושא
טרגדיה

57 - Cibo #2

ש	ת	ב	ש	ד	א	ת	מ	ן	ד	נ	מ	ם	ת
מ	צ	ה	ו	ת	מ	ן	ש	ד	ע	ח	ה	צ	ד
ג	א	ש	ק	פ	ט	ר	י	י	ה	י	ם	ף	ט
ר	ה	נ	ו	ו	א	ם	ס	כ	ף	ט	ן	ב	ת
ח	צ	ד	ל	ח	מ	ח	ר	ד	א	ה	ם	ם	ד
ס	פ	ע	ד	ד	ם	צ	ק	י	ו	ו	י	ע	ש
ב	ר	ו	ק	ו	ל	י	ב	ו	ר	ת	ר	ר	נ
נ	ג	ף	ף	ד	ח	ל	י	ג	ז	מ	ד	ף	ת
נ	ב	פ	צ	ב	ם	נ	צ	ו	כ	ג	ג	ג	ה
ה	י	א	ן	ט	א	ס	ה	ר	מ	ס	ח	מ	ן
ט	נ	ס	א	ס	ר	צ	ד	ט	ה	ל	ן	ת	ח
כ	ה	ף	ש	ע	ג	ב	נ	י	י	ה	א	ס	ה
ד	ו	ב	ד	ב	ן	ס	ל	ר	י	ה	ה	ג	ת
ר	נ	א	ד	ט	נ	ת	ר	ג	ם	ת	כ	מ	ח

בננה
ברוקולי
דובדבן
שוקולד
גבינה
פטרייה
חיטה
קיווי
תפוח
חציל

לחם
דג
עוף
עגבנייה
חם
אורז
סלרי
ביצה
גפן
יוגורט

58 - Nutrizione

מ	ת	ם	ג	ם	ע	ב	ר	י	א	ו	ת	מ	צ
פ	א	ם	פ	ח	מ	י	מ	ו	ת	י	ב	ר	א
ם	נ	ו	ז	ל	י	ם	כ	ף	ס	ט	ל	י	ם
ה	מ	ת	ז	ן	ה	ע	ב	ו	ס	מ	י	ר	כ
נ	ז	א	ד	ן	ת	א	ד	מ	ל	י	נ	ו	נ
ד	י	א	ט	ה	ד	ג	כ	ב	ת	ן	י	ט	ס
ן	ן	כ	כ	א	ן	ם	ט	ס	י	ן	ם	ב	ת
נ	ת	י	ת	ס	י	ס	ה	מ	א	י	כ	ו	ת
ש	נ	ל	מ	ש	ק	ל	ח	ל	ב	ו	נ	י	ם
א	ד	נ	מ	ב	ב	ר	ק	ל	ו	ר	י	ו	ת
ה	ן	ת	ת	נ	נ	ר	ע	ל	ן	צ	י	ה	ס
ר	כ	ף	ט	ח	ם	ג	ח	ה	ל	פ	ן	א	ל
מ	ה	ף	ס	ג	ן	ן	ג	ל	ש	ף	ד	ג	ן
נ	ש	ה	כ	פ	ג	נ	ס	ח	מ	ט	ש	ן	מ

מריר
תיאבון
מאוזן
קלוריות
פחמימות
אכיל
דיאטה
עיכול
תסיסה
נוזלים

מזין
משקל
חלבונים
איכות
רוטב
בריאות
בריא
תבלינים
רעלן
ויטמין

59 - Matematica

ס ק ש ת ו ל ע מ ף ר א ג ט ר
ש ו ב ד ע ף ס מ צ ד א ם ס ת
ה ט ר ר ש פ ה א ו ו ש מ כ ס
ס ר ף כ ר ח צ צ מ ש ם ו כ ס
נ ת ו י ו ו ז ט פ ל י ב ק מ
פ מ ם כ נ ד ר ח ע ל ו צ מ ס
ח ל מ ר י י ר ש ל ו ש מ י ט
ר ב ע א ה ם ר ב נ ד צ מ ף נ
ד ן ר צ ע ת ע ו ד ף ט ק נ ר
ל כ י מ ן ת ב ן ב ר ה ב ג ף
ן ח ך פ ד ה ד ה י ר ף י א א
ן נ ח ת ף ק י ה פ ל א ל ס ת
צ פ צ ח ע ר ב כ ד א פ י ב א
צ צ מ פ ש ם ף ד ב ר ס ת פ ד

זוויות
חשבון
עשרוני
קוטר
משוואה
מעריך
שבר
גאומטריה
מעלות
מספרים

מקביל
מקבילית
היקף
מצולע
כיכר
מלבן
סימטריה
סכום
משולש
נפח

60 - Bagno

מ ב ג פ ם ר ק נ ל ת ח ל ק מ
ר ש ס ת ש ר ב ד ן ג ל פ נ ב
א ג ף פ ת מ ב ם י ת ו ר י ש
ה ב ש ן י כ ט א ג ל ת ל ט מ
ט פ פ ם ג ב ט א ל כ נ י ח ס
ו פ מ ש ע פ ף פ ף א ח ח ק פ
ב ל ג ל נ ת ו ע ו ב ט נ י ר
ן ו ב ס ת ה י ט ב מ א ס ט י
ש ל ת פ ש ח מ ר ו צ מ ט ו י
פ צ פ ו צ ה ז פ ש ל ל ג ר ם
ם צ א ג א ט א נ ם ת ן כ ב ף
ם צ כ מ ה ט א ן ף ג נ ד ת כ
ב ח ה ה ה ל ע ה ט א ח ף ס ב
ה ג צ ל ט ד ף ט ב ג ת מ ה ה

בושם
ברז
סבון
שמפו
מראה
ספוג
שטיח
קיטור

מים
מגבת
אמבטיה
בועות
מקלחת
מספריים
שירותים
קרם

61 - Meditazione

ר	ר	ת	ה	כ	ר	ת	ת	ו	ד	ה	א	ת	ת
נ	ף	ס	ד	ף	ו	ף	ו	מ	ש	כ	ש	ד	נ
פ	ר	ס	פ	ק	ט	י	ב	ה	ת	ל	מ	פ	ו
ש	ת	פ	ש	צ	ב	ע	ש	צ	י	א	ח	ח	ע
מ	ט	ת	נ	פ	ע	ר	ל	ג	ק	ל	ב	ס	ה
ו	ם	ב	ש	ם	נ	צ	ו	ן	ה	ר	ל	ג	ד
ח	ע	כ	ק	ב	ל	ה	ם	ן	ה	ל	ב	ד	ע
ט	ף	ת	פ	ט	כ	ע	ח	ם	ר	ר	ל	ר	ן
ן	ם	א	ש	ג	ט	ח	ף	א	ג	ף	מ	ת	א
ם	כ	ו	ד	פ	ר	ם	כ	צ	ל	י	ח	ש	ת
ר	ג	ש	ו	ת	נ	ר	ח	ב	י	צ	ש	ס	ב
ה	ג	ר	כ	פ	ד	כ	ש	מ	ם	י	ב	ף	ר
ד	מ	ו	ז	י	ק	ה	ר	ס	ל	ב	ו	א	ר
ג	ד	ח	ע	ב	ה	י	ר	ו	ת	ה	ת	צ	ט

הרגלים
קבלה
רגוע
בהירות
חמלה
רגשות
אושר
חסד
הכרת תודה
נפש

מוח
תנועה
מוזיקה
טבע
שלום
מחשבות
יציבה
פרספקטיבה
שתיקה
ער

62 - Estate

ס	ר	ם	ר	ב	נ	ק	ה	מ	ג	ם	ס	ע	ג
נ	ס	י	ע	ו	ת	מ	ס	ל	ר	נ	ד	ף	ן
ד	מ	ג	ד	א	ר	פ	ש	מ	ח	ה	נ	צ	ד
ל	ש	ח	ו	ת	ה	י	ן	פ	צ	ש	ש	ל	ה
י	ל	ח	ף	ת	ת	נ	ע	ף	ח	ב	ר	י	ם
ם	ס	פ	ר	י	ם	ג	מ	ב	ב	ה	פ	ל	י
ט	ת	ח	כ	מ	כ	ע	ן	ש	ט	ת	נ	ה	ם
ח	כ	ו	כ	ב	י	ם	צ	ע	ח	ג	א	ש	צ
ס	ף	ף	ה	צ	ד	כ	ש	ש	ה	ק	י	ם	נ
מ	ו	ז	י	ק	ה	ן	ה	ב	ר	ף	י	ת	מ
ש	פ	מ	ח	ו	פ	ש	ה	נ	פ	ד	ר	ם	ף
ל	ט	א	ז	ח	ב	ם	ף	ט	י	ג	ט	פ	ל
נ	ת	ח	ל	ו	ה	א	מ	ד	ה	ט	ב	ן	ם
צ	צ	ף	א	מ	ן	פ	פ	ע	א	ב	צ	ש	ה

מוזיקה
לשחות
הרפיה
סנדלים
חוף
כוכבים
פנאי
חופשה
נסיעות

חברים
קמפינג
מזון
משפחה
גן
משחקים
שמחה
צלילה
ספרים
ים

63 - Escursionismo

א	ט	ב	ע	ע	צ	ל	ע	ג	ה	ל	ל	ל	ע
צ	ן	ח	י	ו	ת	ס	ם	כ	ת	א	ג	ל	ם
פ	ע	מ	י	ף	צ	כ	ף	פ	ס	ר	ס	ל	ש
פ	מ	ה	ף	ל	כ	נ	א	ג	מ	ס	צ	ה	ס
א	ק	ל	י	ם	ה	ח	ת	פ	ס	ה	ר	פ	ף
ר	ב	ד	ה	ר	א	ף	ש	ל	כ	נ	ב	ד	ט
ק	ה	נ	ל	נ	ט	מ	ם	ת	ם	נ	נ	נ	ר
י	ם	מ	י	ס	ט	כ	ל	מ	צ	ה	פ	ו	ל
ם	ה	צ	ק	ם	צ	ף	צ	ר	ג	ן	ס	מ	ת
מ	י	ם	מ	ן	ש	ה	כ	ה	ף	ח	ג	ס	נ
פ	ע	ש	פ	פ	מ	ג	פ	י	י	ם	ה	מ	ט
ה	צ	מ	י	נ	ש	מ	ד	ר	י	כ	י	ם	י
ף	ו	ב	נ	ח	ר	ן	ם	ש	א	ס	ג	ט	י
ט	ק	פ	ג	ס	ב	ש	ל	ה	ה	י	ס	ב	ה

מים
חיות
קמפינג
אקלים
מדריכים
מפה
הר
טבע
נטייה
פארקים

סכנות
כבד
אבנים
הכנה
צוק
פראי
שמש
עייף
מגפיים
פסגה

64 - Professioni #1

ר	ב	ב	ח	ג	ב	א	מ	ן	א	ם	צ	ע	ט
כ	ו	נ	מ	א	מ	ן	ח	מ	ד	ע	ן	ו	ח
מ	מ	ק	ף	צ	ג	י	א	ו	ל	ו	ג	ר	ר
ט	ט	א	ח	נ	ר	ף	נ	ז	ת	ר	ד	ך	פ
פ	ס	י	כ	ו	ל	ו	ג	י	ר	ך	נ	א	ס
ר	ק	ד	ן	ב	ה	ש	ט	ק	כ	ד	ב	ס	נ
ו	ט	ר	י	נ	ר	מ	ן	א	ע	י	ט	ט	ת
ס	ם	צ	מ	ד	ם	צ	כ	י	ע	ן	כ	ר	ר
ת	כ	ש	י	ט	ן	נ	ג	מ	ל	א	מ	ו	ן
צ	ש	ג	ר	י	ר	ס	ג	ב	ת	ה	ה	נ	ג
פ	ר	ף	ע	ע	ד	פ	נ	ש	ה	כ	ל	ו	מ
ף	ב	ם	ש	נ	ש	ד	א	מ	ע	ל	ף	ם	ן
ק	ר	ט	ו	ג	ר	ף	נ	ת	ש	ם	פ	ב	ט
ב	ב	ה	א	ר	מ	ד	ש	ן	א	ט	ס	צ	צ

מאמן
שגריר
אמן
אסטרונום
עורך דין
רקדן
בנקאי
צייד
קרטוגרף
עורך

רוקח
גיאולוג
תכשיטן
שרברב
אחות
מוזיקאי
פסנתרן
פסיכולוג
מדען
וטרינר

65 - Antartide

ט	ו	פ	ו	ג	ר	פ	י	ה	ה	ן	מ	פ	ח
ת	ס	א	ף	ף	ר	ן	ס	כ	ת	ר	ה	ה	צ
ן	ס	ב	א	א	נ	ג	ג	צ	ש	ו	פ	ג	י
ל	ו	ו	י	י	ת	נ	י	ם	מ	ק	ח	י	ה
פ	ג	ה	י	ב	ת	ש	ט	ט	פ	י	צ	ר	א
ם	ב	נ	ם	ש	ה	ן	מ	ק	ר	ח	מ	ה	י
ג	ר	ת	ס	ת	ר	צ	פ	ר	ץ	ש	צ	י	ר
ן	ד	ן	א	מ	ע	ג	ר	ח	ם	י	ת	נ	ם
מ	י	נ	ר	ל	י	ם	ט	ו	נ	מ	מ	צ	ם
ש	ד	ש	ף	צ	פ	צ	ו	נ	ר	ו	ד	ס	מ
ל	ש	ע	נ	נ	י	ם	ר	י	ס	ר	ם	ה	ד
ח	ג	ה	י	ב	כ	ף	ה	ם	מ	נ	ע	ג	צ
ת	ג	א	ו	ג	ר	פ	י	ה	מ	ע	נ	ע	ם
ה	ח	פ	ס	ח	ן	מ	פ	ח	ו	ק	ר	ר	ף

מים
סביבה
מפרץ
לווייתנים
שימור
יבשת
גאוגרפיה
קרחונים
קרח
איים

הגירה
מינרלים
עננים
חצי האי
חוקר
רוקי
מדעי
משלחת
טמפרטורה
טופוגרפיה

66 - Libri

ה	מ	צ	א	ה	ס	ש	ד	ו	א	ל	י	ו	ת
ר	ח	ה	פ	ד	ר	י	ב	ב	ס	ו	ש	ש	ר
פ	ב	ן	ל	ף	מ	ר	ת	ג	ט	ע	ס	ג	ל
ת	ר	מ	ב	ד	נ	ה	ף	פ	ן	ם	פ	ף	ו
ק	ה	פ	ר	ה	ר	ף	ק	מ	ש	ס	ר	כ	ו
ה	ד	י	ה	נ	ו	ה	ו	ש	ל	ד	ו	א	נ
א	ע	ט	ס	ן	מ	ו	ר	ס	ר	ל	ת	ם	ט
ג	ש	ר	ד	ט	ן	מ	א	ר	מ	ה	י	ע	י
ש	פ	ג	ר	ת	ו	ו	מ	ב	נ	כ	ת	ב	ה
ג	ם	י	ה	ס	ד	ר	כ	ח	ה	ל	מ	ם	ש
ב	ד	ב	ט	א	ן	י	י	א	כ	ד	ע	ס	פ
ר	ה	פ	מ	פ	ד	ס	ס	י	פ	ו	ר	ת	פ
ס	ג	ג	א	י	ס	ט	ט	צ	ד	ב	ש	ל	כ
פ	א	ש	ף	ק	ר	י	י	ן	ה	ם	כ	נ	צ

מחבר
הרפתקה
אוסף
הקשר
דואליות
אפי
המצאה
ספרותית
קורא
קריין

דף
שירה
רלוונטי
רומן
נכתב
סדרה
סיפור
היסטורי
טרגי
הומוריסטי

67 - Geografia

ה	מ	י	ס	פ	ר	ה	א	ש	נ	ל	ם	ר	מ
ד	ט	ר	ה	ש	ם	ת	ה	א	ז	ו	ר	א	ן
ר	א	ן	ט	כ	ש	ח	ח	ו	ט	ש	כ	ם	ט
ו	פ	מ	כ	ט	צ	ר	צ	ר	צ	ל	ש	ה	ם
ם	צ	פ	ו	ן	ג	ס	צ	ך	פ	ן	ס	כ	ת
ת	נ	ה	ר	ד	ה	כ	פ	כ	כ	ט	ם	ע	ש
צ	ב	ח	ש	פ	ד	מ	נ	ד	ד	נ	צ	ה	ג
צ	ג	ע	פ	ת	צ	ף	כ	ס	ל	כ	ש	ה	ר
ב	ו	נ	ג	פ	פ	ג	ע	ח	ט	מ	ט	ט	א
י	ב	ש	ת	פ	ם	מ	ד	י	נ	ה	ח	צ	נ
צ	ה	ק	ו	ר	ו	ח	ב	א	ם	ב	ח	ב	ן
מ	ע	ר	ב	ל	ם	ע	ו	ל	ם	ב	א	ר	א
ב	ם	ש	ן	ם	ה	י	מ	ם	ן	נ	ת	נ	י
מ	א	ש	פ	ע	מ	ר	י	ד	י	א	ן	פ	ש

גובה
אטלס
עיר
יבשת
המיספרה
נהר
אי
קו רוחב
אורך
מפה

ים
מרידיאן
עולם
הר
צפון
מערב
מדינה
אזור
דרום
שטח

68 - Cibo #1

ח	ר	ש	ן	ה	צ	נ	ס	ח	ת	ר	ד	ה	מ
ל	ק	י	נ	מ	ו	ן	ו	ע	ה	א	כ	ד	פ
ב	צ	ל	ח	ס	ן	ל	כ	מ	פ	צ	פ	ש	א
ד	ל	ף	ח	ן	צ	ב	ר	כ	ן	כ	ה	ה	ס
ס	ט	צ	ן	כ	ע	ל	ג	ט	ה	מ	כ	ת	ע
ל	י	מ	ו	ן	צ	ג	ט	מ	ן	ף	ל	פ	ף
ט	פ	נ	צ	ם	נ	ף	ו	ד	ג	ש	ח	ף	ע
ל	ת	ת	ע	ס	ה	ן	נ	ף	ן	ן	מ	צ	ע
ג	ח	צ	ש	פ	ש	נ	ה	א	ף	כ	נ	ל	נ
ה	ס	כ	ב	פ	פ	מ	נ	ג	ז	ר	ט	ע	ח
ת	ו	ת	ש	ד	ה	י	ע	ס	ש	ף	ה	ו	מ
ש	ע	ו	ר	ה	ן	ץ	נ	ה	ע	ס	ן	ג	א
ו	צ	פ	ף	ה	נ	ת	מ	כ	ע	א	ה	ה	ד
ם	ן	ג	ם	א	ט	ן	ג	ש	צ	ר	כ	ב	ת

שום
ריחן
קינמון
בשר
גזר
בצל
תות שדה
סלט
חלב
לימון

מנטה
שעורה
אגס
לפת
מלח
תרד
מיץ
טונה
עוגה
סוכר

69 - Aeroplani

נ	ע	ם	ם	ל	ד	ה	א	א	ג	ס	ט	ר	ב
ח	מ	ה	ש	נ	ב	ל	ו	ן	ו	צ	ר	ק	נ
י	ל	ן	ת	ש	ת	ב	ק	מ	נ	ו	ע	י	י
ת	ר	פ	א	ל	צ	ד	ג	י	ג	ו	י	ע	י
ה	ה	ג	ו	ב	ה	ח	ף	מ	ם	ת	צ	ר	ה
מ	נ	צ	ו	א	ד	ף	ס	ן	ע	ט	ו	כ	ה
ד	ע	כ	י	ו	ו	ן	נ	ט	ם	פ	ב	ע	ה
ל	ס	ע	ר	ה	י	ס	ט	ו	ר	י	ה	מ	נ
נ	ד	ה	ד	ס	ר	פ	ש	צ	ד	ל	ר	ת	ו
ב	י	נ	צ	כ	י	ת	ר	ה	ס	ט	פ	ד	ס
ן	ג	ו	ד	ה	ד	ה	צ	ף	צ	י	ת	ע	ע
ס	נ	מ	ו	ף	ה	כ	ן	ת	צ	י	ק	ם	ף
א	ף	ת	ג	ט	ף	ש	ש	נ	נ	ס	ה	ט	ש
ר	ח	מ	ס	ר	ס	ף	פ	ת	פ	ע	ן	ן	ם

גובה
אוויר
אווירה
נחיתה
הרפתקה
דלק
רקיע
בנייה
עיצוב
כיוון

ירידה
צוות
מימן
מנוע
ניווט
בלון
נוסע
טייס
היסטוריה
סערה

70 - Pirati

ר מ ה ם נ מ ל צ ת ל ר צ ו א
ח ט צ ס ל ת ת ל מ נ מ ב ש מ
ד ב ח ט ח צ צ פ ט כ ב ה ז ט
ה ע ש א נ ל נ ע ח ר ע ר ד נ
ש ו ן ט פ ק ג מ ש ש ה פ מ ב
ף ת ב ר ח ת צ י כ ו ת ת מ פ
ה ת ר ר ה פ א ד מ צ צ ק ה נ
ס ת ש ס ן ה ר ם ן ע ח ה ע א
ת ל ג ד א ע ב כ צ ו ד ן ג ס
ג א ם נ י ד ם ו ש ג ף ד ת ת
ר ת נ ס ס ם ו מ צ ן ה נ כ ס
ו כ ר צ ח ת ת מ ף ח ס ס ג ר
ם ה ר ע מ ת מ מ ה ו ש ן נ ל
ף ף א ה ע ע ס פ א ף ע ר צ מ

אגדה
מפה
מטבעות
זהב
תוכי
סכנה
רום
חרב
חוף
אוצר

עוגן
הרפתקה
דגל
מצפן
קפטן
רע
צלקת
צוות
מערה
אי

71 - Colori

פ	צ	ח	ח	פ	ף	ש	ל	ח	ש	ת	ר	ף	ע
מ	מ	ו	מ	ו	ן	ב	ף	ל	כ	ל	ו	ג	ס
מ	ם	ח	ת	ק	ן	ת	ת	ל	פ	פ	א	ה	ס
ש	ל	א	ה	ס	ס	א	ת	ס	ח	ן	ס	ע	ע
ר	ק	ו	ר	י	ט	ג	ד	א	ר	ו	פ	א	ע
ע	ס	מ	צ	ה	צ	כ	ג	נ	ה	ש	י	ט	ד
ח	ת	ת	ס	ב	כ	ח	א	ב	ת	ט	ה	ב	ה
מ	ו	ם	ס	ף	צ	ו	ז	ב	ח	ע	ן	ר	ל
ב	ר	ן	צ	ט	ע	ל	ה	ח	ם	ו	ת	כ	צ
ה	ו	פ	פ	ל	ה	ר	ד	פ	ט	ש	ש	ח	ט
ף	ד	נ	ף	ת	נ	כ	ע	א	ל	ר	ח	ת	ס
ס	ט	ל	ע	ת	ם	ו	ד	א	ר	ב	ו	ה	צ
ר	ג	ע	כ	ה	ף	ת	ם	ן	מ	ג	ר	א	ח
ג	ם	ש	נ	נ	ם	ר	ג	ס	ב	ן	מ	ן	ת

ארגמן
חום
שחור
ורוד
אדום
ספיה
ירוק
סגול

כתום
תכלת
בז'
לבן
כחול
פוקסיה
צהוב
אפור

72 - Spiaggia

א	ט	ח	נ	ס	ם	ר	ב	ה	א	ף	פ	ה	כ
י	ם	ו	כ	נ	ם	ל	ט	ח	ו	פ	ש	ה	נ
ס	ש	ל	פ	ד	ת	ת	ן	ד	ק	ד	ט	א	ה
מ	ר	ת	ח	ל	ן	א	ח	ש	י	מ	כ	א	צ
פ	ע	ט	נ	י	ש	ף	ש	ה	י	ה	ף	ל	ס
פ	ע	ג	ן	ם	ש	ח	מ	ט	נ	נ	ל	ג	י
ג	מ	ע	ח	ר	ג	מ	ו	ה	ו	ט	מ	ו	ר
כ	פ	נ	ו	ף	ם	מ	ש	ת	ס	ר	נ	נ	ה
ב	ר	ס	ף	ב	כ	ש	ג	מ	ג	ב	ת	ה	כ
ה	ש	ו	נ	י	ת	ד	ב	ב	ת	ל	ל	ת	ח
צ	י	ה	ת	א	ב	ד	א	ה	ג	נ	ט	ם	ו
נ	ת	ר	ט	ל	ד	ט	נ	ת	א	ע	ל	ן	ל
ת	ב	ם	ן	ל	א	ל	ג	ם	פ	ח	צ	צ	נ
נ	ט	צ	ד	מ	ט	ר	י	ה	ד	ח	ם	ב	ע

ים
לשחות
אוקיינוס
מטריה
חול
סנדלים
שונית
שמש
חופשה

מגבת
סירה
מפרשית
כחול
חוף
עגן
סרטן
אי
לגונה

73 - Avventura

ב	ע	ת	ע	ס	י	כ	ו	י	י	פ	ח	מ	ב
ט	ב	ס	ל	מ	ש	ע	צ	מ	ו	ע	ר	ס	ט
י	ה	ט	י	ו	ל	ע	ד	ס	צ	י	ט	ו	נ
ח	ח	ב	ר	י	ם	ח	צ	ל	א	ל	נ	כ	ף
ו	ן	ע	צ	ע	ח	ט	ע	ו	ד	ו	ם	ן	ס
ת	מ	ב	א	ן	ה	ף	ם	ל	ו	ת	פ	ל	ש
נ	י	ו	ו	ט	צ	מ	ה	ף	פ	ל	ה	פ	ה
נ	ל	ן	ם	מ	ס	ג	א	כ	ן	ד	ר	ר	ף
פ	ל	א	א	ת	ג	ר	י	ם	נ	מ	נ	פ	ח
ר	ש	י	ו	פ	י	ר	א	ר	ט	ה	ל	ע	ף
ע	ח	פ	מ	ק	ו	ש	י	מ	פ	ת	י	ע	ש
ה	ע	ד	ץ	נ	כ	ב	ב	ת	ף	ע	ל	ג	ס
ח	ר	פ	ש	מ	ח	ה	ז	ד	מ	נ	ו	ת	ל
א	ה	פ	ן	ע	ן	ח	ט	ב	ם	ר	ב	ל	צ

חברים
פעילות
יופי
סיכוי
אומץ
יעד
קושי
טיול
שמחה
יוצא דופן

מסלול
טבע
ניווט
חדש
הזדמנות
מסוכן
הכנה
אתגרים
בטיחות
מפתיע

74 - Forme

פ	ס	ג	ל	ג	ל	ת	פ	מ	כ	ה	ה	ס	א
א	י	ה	ד	כ	כ	ב	ר	מ	ש	ו	ל	ש	ת
ה	ח	ר	ו	ט	ל	ר	י	צ	ד	ב	ש	נ	ף
ר	י	ם	מ	ע	ג	ל	ז	ו	ע	כ	י	כ	ר
פ	פ	פ	ת	י	ם	א	מ	ל	ל	ק	ס	ע	ם
ח	ב	ם	ר	ף	ד	ד	ה	ע	ג	ו	ו	ס	צ
כ	א	ד	ב	ב	ט	ה	ע	מ	פ	ב	ה	מ	ש
ב	ל	ה	ח	ן	ו	ב	ש	ב	פ	י	נ	ה	ה
כ	י	ת	א	נ	ם	ל	א	ג	ד	י	ק	ש	ת
ר	פ	ג	ל	י	ל	ק	ה	ס	ס	ה	צ	ש	נ
מ	ס	ש	ע	פ	ן	ו	ט	ה	ה	ב	ו	ב	ט
ל	ה	ג	צ	מ	כ	א	ב	ם	ג	ט	ו	כ	ר
צ	ח	ל	פ	מ	ה	ה	מ	ר	א	ל	ת	ה	ר
ג	מ	ל	ב	ן	ש	פ	ת	מ	כ	ד	נ	ח	ל

פינה
קשת
קצוות
מעגל
גליל
חרוט
קובייה
עקומה
אליפסה
היפרבולה

צד
קו
סגלגל
פירמידה
מצולע
פריזמה
כיכר
מלבן
משולש

75 - Oceano

צ	א	ל	ן	ר	ה	כ	ד	ד	ס	ר	ט	ן	א
ה	ת	מ	ו	ס	ע	ר	ה	ג	ל	י	ם	ד	ה
ם	ן	מ	ש	ו	נ	י	ת	ש	א	ח	ר	פ	צ
צ	נ	ד	נ	ט	י	ש	מ	ל	ח	נ	ד	ה	ד
כ	ד	ו	ר	ו	ס	ת	ל	ש	צ	צ	ר	ב	פ
ר	מ	ז	ת	נ	ן	ד	ן	ל	ת	כ	ח	פ	ה
ר	ם	ה	נ	ה	פ	ד	מ	ף	ה	ס	ר	ש	ב
ף	ס	פ	ו	ג	א	ו	ת	ו	ש	פ	ל	כ	נ
מ	ג	ב	ה	כ	ל	ל	נ	ף	ר	ח	ד	צ	ח
ע	א	ש	צ	ע	מ	פ	ג	כ	י	כ	ת	מ	ס
צ	נ	כ	ל	ל	ו	י	ס	ן	מ	ם	א	מ	א
ף	ס	ב	ו	ב	ג	ן	מ	מ	פ	ן	פ	ה	ע
ם	ל	ה	פ	ה	ת	ד	צ	צ	ס	ע	ל	ה	ט
נ	ר	ר	ח	צ	ב	ע	ה	נ	ש	ד	נ	מ	ג

צדפה
דג
תמנון
מלח
שונית
ספוג
כריש
צב
סערה
טונה

צלופח
לוויתן
סירה
אלמוג
דולפין
שרימפס
סרטן
גאות ושפל
מדוזה
גלים

76 - Famiglia

נ	כ	פ	ת	צ	ם	ש	ר	ר	ף	צ	י	א	פ
א	ט	ן	פ	ל	ע	ג	צ	פ	ר	ף	ל	י	פ
ן	ש	ש	נ	כ	פ	ט	ת	ד	פ	פ	ד	מ	ל
א	ב	ה	י	ס	ס	ד	ד	ה	ד	ב	א	ה	פ
י	ל	ד	ו	ת	ן	ע	ב	ע	א	ג	מ	י	ב
מ	ל	צ	ס	ד	פ	א	נ	ל	ר	צ	ג	מ	א
א	א	ח	ם	כ	א	ן	ח	ת	נ	כ	נ	ן	ב
א	ש	א	א	ד	פ	ף	כ	ם	מ	י	ע	כ	ק
ן	ה	ד	מ	ה	מ	ת	ס	ש	צ	ל	ה	ג	ד
א	פ	ם	ש	מ	ג	נ	ב	ב	ן	ד	ו	ד	מ
ח	ת	א	ג	פ	ן	מ	ת	ע	א	י	ו	ו	ו
ח	ר	ה	ף	א	ב	א	א	ל	ח	ם	פ	ד	ן
ב	ן	א	ת	ט	ת	ד	ח	א	ו	ע	מ	ש	ה
א	ח	י	י	ן	פ	ג	ס	ת	ת	ג	ה	ט	צ

אב קדמון
ילדים
ילד
בן דוד
בת
אח
ילדות
אימא
בעל
אימהי

אשה
אחיין
נכד
סבתא
סבא
אבא
אבהי
אחות
דודה
דוד

77 - Veicoli

ר	צ	א	ע	ט	ת	מ	ס	ו	ק	ט	נ	ו	ע
ב	ר	מ	נ	ו	ע	ו	מ	ש	א	י	ת	ם	ן
ב	ס	ב	י	פ	ס	נ	א	ו	ט	ו	ב	ו	ס
ת	מ	ו	מ	ג	ג	י	ר	פ	ס	ו	ד	ה	ן
ת	ש	ל	ד	נ	י	ת	ה	ק	ר	ו	ו	א	ן
ח	ס	נ	ם	ד	ס	ם	כ	ש	ט	ט	ת	צ	ת
ת	י	ס	א	ו	פ	נ	י	י	ם	ה	ם	ב	ם
י	ר	ט	מ	ע	ב	ו	ר	ת	ף	ן	ט	ח	ה
ת	ה	א	ר	נ	כ	ת	ף	ל	ש	ב	מ	ן	ג
נ	ד	נ	ם	ק	ב	ת	ר	א	ר	נ	כ	פ	ף
מ	ד	כ	פ	ב	ט	ג	ב	א	ה	ם	ג	ל	ג
ט	ן	נ	ן	מ	כ	ו	נ	י	ת	ה	נ	ד	ר
ו	פ	ס	ד	ש	א	מ	ר	ן	צ	ה	ר	נ	ת
ס	ר	כ	ב	ת	צ	ו	ל	ל	ת	ב	נ	כ	ש

מנוע
צמיגים
רקטה
קטנוע
צוללת
מונית
מעבורת
טרקטור
רכבת
רפסודה

מטוס
אמבולנס
מכונית
אוטובוס
סירה
אופניים
משאית
קרוואן
מסוק
רכבת תחתית

78 - Emozioni

ה	ד	ו	ת	ר	י	ס	א	א	נ	ש	ת	ש	ש
פ	ד	ת	ג	ד	ן	ח	ג	צ	ב	כ	נ	ע	ט
ת	ת	ו	א	ע	מ	ם	ה	צ	ו	ר	מ	ן	ה
ע	ע	כ	ה	נ	צ	ן	ע	ה	ך	ו	פ	ג	ן
ה	נ	ן	ב	ג	ת	א	פ	ת	ם	ח	נ	ל	ס
ה	ם	ש	ה	כ	ה	ד	ה	א	ד	ס	ר	כ	ע
ב	ל	ל	צ	ע	ט	ח	ט	ט	ב	ה	ג	ל	ה
ה	כ	ו	ח	ס	צ	ע	מ	צ	ף	ב	ש	ס	ל
ח	כ	ם	צ	מ	ג	נ	נ	א	ד	מ	ג	ח	ה
ף	פ	א	מ	ף	ח	ע	ש	ו	נ	כ	ס	ח	ט
ג	נ	ש	ס	מ	ס	צ	מ	ש	ה	ו	ו	ל	ש
ך	ו	ר	פ	ב	ד	ב	ח	ר	ע	פ	א	ס	א
ל	מ	ש	ל	ב	כ	ד	ה	ר	מ	ש	ש	ן	ם
ב	נ	ש	א	א	א	ר	פ	א	ס	ט	ם	ב	ג

אהבה
אושר
רגוע
תוכן
נרגש
חסד
שמחה
אסיר תודה
נבוך
שעמום

שלום
פחד
כעס
אהדה
מרוצה
הפתעה
רוך
שלווה
עצב

79 - Natura

ט	ף	ב	צ	כ	ג	ר	ג	א	ס	ד	ד	מ	מ
ר	י	ר	א	ו	ל	ט	א	ר	מ	ד	ב	ר	ק
ו	ו	פ	ן	צ	ק	ח	כ	ק	ת	ס	ו	ל	ל
פ	פ	ע	ת	ד	ד	י	ח	ט	ב	מ	ר	ע	ט
י	י	ה	כ	פ	ר	ו	ם	י	ף	א	י	ת	ש
ר	ה	ג	ש	ש	ס	ת	נ	ר	צ	ל	ם	ב	ט
ן	ב	ג	ע	ש	ד	ל	ף	ב	ן	י	ב	ט	ן
ה	ח	כ	ָ	ל	ח	ט	צ	א	ט	ע	ד	ק	ט
ע	ר	פ	ל	ו	י	י	ף	ס	ת	ר	י	ר	כ
ה	ע	ר	.	ו	ו	צ	ק	נ	כ	ת	נ	ח	ע
ס	ר	א	י	ה	נ	מ	נ	ה	ר	ן	מ	ו	נ
ד	פ	י	ם	א	י	ר	כ	מ	כ	מ	י	ן	נ
ף	ד	א	ם	ח	ש	ם	ב	ב	ל	ע	א	ב	י
ע	ג	ב	ב	ד	א	מ	ם	צ	א	ן	צ	ן	ם

קרחון
הרים
ערפל
עננים
מקלט
צוקים
פראי
שלווה
טרופי
חיוני

חיות
דבורים
ארקטי
יופי
מדבר
דינמי
שחיקה
נהר
עָלִים
יער

80 - Balletto

מ	ס	ו	ל	ו	ע	א	ח	ש	ש	ט	ר	ד	פ
ף	ב	ח	ד	ת	ו	ס	ס	י	פ	ג	ק	פ	א
ט	ל	י	ש	ן	צ	ה	ט	ע	נ	צ	ד	מ	כ
כ	פ	א	ע	ה	מ	ת	ח	ו	ס	נ	נ	ט	ק
נ	ם	ת	ס	צ	ת	ר	ש	ר	י	ר	י	ם	צ
י	צ	ת	ס	ש	ז	ג	ע	י	ם	ב	ם	ט	ב
ק	ן	ל	ה	ש	מ	ו	ף	ם	ק	ה	ל	פ	ה
ה	כ	ב	ב	ל	ו	ל	ה	מ	ו	ז	י	ק	ה
מ	ח	ו	ו	ה	ר	ה	ב	מ	ל	ח	ז	ר	ה
ל	ן	ע	ח	ג	ת	ס	ט	ן	כ	ח	ם	פ	ת
כ	ו	ר	י	א	ו	ג	ר	פ	י	ה	י	כ	צ
א	מ	נ	ו	ת	י	נ	ד	כ	ד	פ	א	ן	ף
ל	ל	ל	א	מ	י	ו	מ	נ	ו	ת	כ	ר	נ
ר	ס	ן	ע	א	א	ן	ס	ף	ט	צ	ף	ע	ח

מיומנות
אמנותי
סולו
רקדנים
מלחין
כוריאוגרפיה
מביע
מחווה
חינני
עוצמת

שיעורים
שרירים
מוזיקה
תזמורת
תרגול
חזרה
קהל
קצב
סגנון
טכניקה

81 - Castelli

ע	כ	ש	ו	ש	ל	ת	ט	ר	ס	ח	מ	ד	ם
ס	כ	ח	ר	ב	ע	ס	ח	ן	פ	ש	ע	ר	ן
נ	ס	י	ך	י	ע	צ	ב	ד	ב	ר	ו	ק	א
מ	ו	ר	ר	ב	ו	ג	נ	ח	א	ג	ט	ו	ב
ל	ס	ס	ב	ל	ל	ן	ב	א	ח	ט	א	ן	י
ם	מ	מ	ל	כ	ה	פ	י	א	ו	ד	ל	ע	ר
א	ד	ש	א	צ	י	ל	י	ר	ט	ן	ם	ח	ר
ג	א	ג	ל	ף	ן	נ	נ	מ	צ	א	ף	כ	ף
ג	י	ה	מ	ע	ן	ט	ס	ו	ט	י	ט	ת	ס
א	מ	מ	ג	ן	צ	ח	י	ן	מ	מ	נ	ר	ת
ע	פ	נ	ג	ק	ן	צ	כ	ט	ל	ג	ד	ו	ש
פ	ר	ל	פ	י	ט	ן	ה	ף	ה	ס	ד	כ	ק
א	י	ם	א	ר	ע	א	פ	ן	ט	ט	ף	ל	ס
מ	ה	צ	ן	ל	ת	ע	ם	א	כ	ש	מ	צ	ט

שריון
מעוט
אביר
סוס
כתר
שושלת
דרקון
צינוק
פיאודל
אימפריה

אצילי
ארמון
קיר
נסיך
נסיכה
ממלכה
מגן
חרב
מגדל

82 - Campionato

צ	נ	מ	ג	א	מ	מ	ן	א	ן	ן	ת	ד	ש
ב	מ	ר	ט	ל	ת	ב	ב	ף	ז	ס	ה	א	ה
ב	ס	ם	ע	ו	ס	ת	ף	ף	י	ע	ת	ס	ט
ב	י	פ	צ	ף	ב	י	צ	ו	ע	י	ם	ט	כ
מ	ב	ה	ו	ן	ל	צ	ע	ג	ה	ב	ד	ר	ג
א	ו	ם	ו	ר	ף	מ	ד	ל	י	ה	ל	ט	ף
ט	ל	ה	ת	ג	ט	א	ש	ו	פ	ט	ג	ג	ם
ש	ת	ב	צ	צ	ו	מ	ל	ח	ה	ד	מ	י	ל
צ	נ	נ	ט	ט	ר	ן	ל	י	ק	ה	ר	ה	צ
ל	י	ג	ה	ף	נ	ן	ל	ר	פ	י	א	ט	ע
ס	צ	מ	ו	ט	י	ב	צ	י	ה	ו	ם	ש	א
צ	ח	ש	מ	ר	ר	ב	ת	ת	ד	ן	ת	א	ת
ף	ו	ח	ה	פ	ת	ף	ף	צ	ד	ת	א	ב	ח
ן	ן	נ	צ	ה	ף	כ	ח	ן	ר	ר	ף	ט	ג

מאמן
אליפות
אלוף
לגמר
משחקים
שופט
ליגה
מדליה
מוטיבציה

ביצועים
סיבולת
ספורט
צוות
אסטרטגיה
זיעה
טורניר
ניצחון

83 - Foresta Pluviale

ע	י	ל	י	ד	ק	ג	ש	כ	ל	א	ט	ח	ב
ן	ק	ם	פ	ד	ה	ע	ו	ם	כ	ד	מ	ן	כ
ל	ר	ד	ו	ח	י	י	ם	נ	פ	ב	י	פ	ה
ש	י	מ	ו	ר	ל	ת	ם	נ	ג	ב	נ	ס	ש
ח	ן	ק	ע	ט	ה	א	ט	א	ק	ל	י	ם	א
ז	א	ל	נ	ל	ח	ר	ק	י	ם	נ	ם	ת	ס
ו	מ	ט	נ	י	ו	נ	ק	י	ם	ב	ט	ם	ת
ר	ש	ת	י	ה	ב	ס	ח	ן	מ	ע	צ	ל	כ
ט	ב	ע	ם	ג	י	ו	ו	ן	ע	ת	מ	ד	ב
א	ה	ג	ש	נ	ס	ש	ט	פ	ב	ש	ט	ש	ו
מ	ה	ג	ד	ש	ב	ל	ר	נ	ל	ג	נ	ש	ד
כ	ר	נ	ת	ה	ח	ף	ג	ד	י	ן	ג	נ	ש
ט	ט	ד	ח	ח	ס	צ	י	פ	ו	ר	י	ם	ח
מ	ף	ר	נ	א	ר	ס	כ	מ	מ	ת	ב	פ	ס

טבע
עננים
שימור
יקר
שחזור
מקלט
כבוד
הישרדות
מינים
ציפורים

דו-חיים
בוטני
אקלים
קהילה
גיוון
ג'ונגל
יליד
חרקים
יונקים
טחב

84 - Edifici

ש	ה	ה	נ	מ	צ	ת	ל	ן	ל	צ	ק	א	מ
א	ג	ע	ר	צ	ר	ה	מ	צ	פ	ה	ו	ס	ג
ו	ד	ר	ב	י	ת	ח	ו	ל	י	ם	ל	ם	ד
ה	ם	ב	י	פ	א	ע	ז	ש	ש	ת	נ	מ	ל
ל	נ	ד	י	ר	ה	ב	י	ת	ש	נ	ו	ע	א
מ	כ	ס	ב	א	ו	י	א	א	א	ם	ע	ב	מ
ה	צ	ח	א	ע	ס	ת	ו	צ	פ	ג	פ	ד	ן
נ	ה	ט	ה	נ	ט	ס	ן	מ	ט	י	ר	ה	פ
מ	פ	ע	ל	א	ל	פ	נ	ג	מ	ד	ל	ע	ח
ד	ל	ן	ב	נ	נ	ר	ס	ש	ב	ה	י	ם	ג
נ	ס	ו	פ	ר	מ	ר	ק	ט	ל	ר	ח	ו	כ
ד	ס	נ	ן	א	ר	ס	ת	י	א	ט	ר	ו	ן
א	ו	נ	י	ב	ר	ס	י	ט	ה	ח	צ	מ	ם
ב	פ	ת	ל	כ	ע	ר	מ	ע	ן	ת	ט	ע	ל

בית חולים
המצפה
הוסטל
בית ספר
אצטדיון
סופרמרקט
תיאטרון
אוהל
מגדל
אוניברסיטה

שגרירות
דירה
תא
טירה
קולנוע
מפעל
אסם
מלון
מעבדה
מוזיאון

85 - Paesi #2

ד	ב	ש	ט	ן	פ	ם	א	ל	א	ו	ס	ט	ד
ר	נ	ג	ל	ס	ק	ח	ו	י	פ	ן	ב	א	ח
נ	ס	מ	ש	ש	י	ם	ג	ב	פ	נ	ת	ם	ר
י	ה	י	ר	פ	ס	ה	נ	ר	ד	ח	פ	ב	ב
ג	ג	י	ם	ק	ט	צ	ד	י	ש	א	ם	א	ט
ר	פ	ק	ף	ל	ן	ס	ה	ה	א	י	ט	י	ל
י	ר	ה	א	ת	י	ו	פ	י	ה	נ	ד	ב	מ
ה	ס	מ	מ	א	ם	ד	ד	ח	ג	ד	ט	ד	ק
י	ו	ו	ן	ל	ן	ן	כ	ף	ח	ו	ד	ש	ס
ר	מ	ן	ר	ב	ל	ת	ח	א	צ	נ	ת	צ	י
ג	ו	ט	צ	נ	ס	ח	א	ר	א	ז	נ	צ	ק
ל	מ	ס	ר	י	א	ו	ק	ר	א	י	נ	ה	ו
ס	ו	ר	י	ה	ס	ב	ג	ל	ה	ה	ש	ת	ס
ף	ל	מ	ט	ה	א	י	ר	ל	נ	ד	מ	ט	נ

אלבניה
דנמרק
אתיופיה
ג'מייקה
יפן
יוון
האיטי
אינדונזיה
אירלנד
לאוס

ליבריה
מקסיקו
נפאל
ניגריה
פקיסטן
רוסיה
סוריה
סודן
אוקראינה
אוגנדה

86 - Tipi di Capelli

ד	ל	ט	י	ל	ט	ד	פ	א	מ	ל	ח	ג	ח
מ	ד	נ	ע	ב	ה	ח	ו	ם	מ	ד	כ	צ	ל
כ	ש	ק	צ	ר	ש	ח	ו	ר	נ	ש	כ	ב	ק
ן	ש	ל	מ	י	כ	ס	ף	ר	כ	א	מ	ע	י
ל	ב	ו	ו	א	נ	ע	ב	מ	נ	ב	ד	ו	ר
ס	ג	ע	ת	ל	ד	ן	ל	ם	ת	ג	כ	נ	ח
ר	ז	ה	א	פ	ו	ר	ו	א	ר	ו	ך	י	ב
ת	ל	ת	ל	י	ם	ה	נ	נ	ך	ש	ל	מ	ט
נ	ל	פ	ר	ב	ף	ש	ד	פ	כ	ל	ה	ת	פ
ש	מ	ע	ת	ה	מ	ב	י	ח	ם	ר	ב	נ	ל
ה	ף	צ	ש	נ	פ	צ	נ	ת	ל	ב	נ	ן	ה
ס	צ	מ	ן	ר	ב	ב	י	צ	ט	ם	כ	ת	א
מ	ג	ד	מ	ג	ף	כ	א	פ	ן	ע	כ	ר	ם
ש	מ	ר	ג	ל	ג	צ	מ	ר	ת	כ	ש	ם	ט

ארוך
חום
רך
שחור
מתולתל
תלתלים
בריא
רזה
עבה
צמות

כסף
יבש
לבן
בלונדיני
קצר
קירח
צבעוני
אפור
קלוע
חלק

87 - Vestiti

ה	נ	פ	ו	א	ס	ה	ע	א	כ	צ	ל	ח	פ
ם	י	י	ס	נ	כ	מ	ג	ש	פ	ע	ד	נ	ס
ח	ל	ג	צ	ח	פ	צ	ה	ב	פ	י	ח	נ	מ
ף	ס	מ	נ	ו	ל	ג	כ	ב	ו	ף	ד	ע	מ
ט	י	ה	ע	ל	ה	ל	מ	ש	ת	ל	י	ל	ה
ד	נ	צ	ל	צ	א	ג	ה	ט	י	ל	נ	ס	ע
ש	ר	ט	י	ה	ם	ן	ח	ם	ל	ע	ב	ו	כ
ר	ת	נ	ב	ד	ד	ט	ג	ס	נ	י	ג	ו	ן
ש	א	ם	י	נ	א	צ	ו	ם	ר	צ	ל	ד	ל
ר	ת	כ	ת	ם	ן	ף	ר	ם	י	י	ב	ר	ג
ת	נ	ל	א	ש	ר	נ	ה	פ	ת	י	א	צ	ח
צ	ף	ל	נ	ה	ם	צ	ר	נ	ת	ח	צ	ט	צ
ם	ח	ת	ע	ר	ס	ף	ח	ל	ר	א	ה	א	ד
צ	ב	ת	ם	ע	ד	ע	ג	צ	ע	ט	ב	מ	כ

שמלה
צמיד
גרביים
חולצה
כובע
מעיל
חגורה
שרשרת
חצאית
סינר

כפפות
ג'ינס
סוודר
אופנה
מכנסיים
נעלי בית
פיג'מה
סנדלים
נעל
צעיף

88 - Attività e Tempo Libero

ט	י	ו	ל	י	ם	מ	ר	ג	י	ע	צ	ב	כ
כ	כ	ד	מ	ת	ש	פ	ח	כ	צ	ן	ל	י	ל
ד	ד	ח	ט	ת	ח	ב	י	ב	י	ם	י	י	צ
ו	ו	ו	ס	נ	י	ד	א	ף	ו	ל	ל	ס	ג
ר	ר	ס	ר	ת	י	נ	י	ף	ר	ב	ה	ב	א
ע	ס	מ	ם	ג	ה	ס	ג	ג	כ	א	ג	ו	ק
ף	ל	ף	ר	ל	ל	ד	ר	ת	ת	מ	ע	ל	נ
ם	ק	מ	פ	י	נ	ג	ו	ד	ב	נ	ט	ג	י
ת	ה	ל	ס	ש	ס	ח	ף	ם	ג	ו	ל	ף	ו
ר	ב	כ	ת	ה	ג	י	נ	ו	ן	ת	פ	פ	ת
נ	ס	י	ע	ו	ת	ש	ש	ף	ס	ר	ף	ג	צ
ן	צ	פ	ג	ף	ש	ב	ד	ל	ר	ע	ג	פ	ן
ן	ל	ל	ע	ט	ב	ר	ד	ט	צ	ר	כ	ד	ש
ע	צ	ת	ב	א	א	א	ש	ע	ד	ס	פ	ן	ט

אמנות
בייסבול
כדורסל
איגרוף
כדורגל
קמפינג
טיולים
גינון
גולף
תחביבים

צלילה
שחייה
כדורעף
דיג
ציור
מרגיע
קניות
גלישה
טניס
נסיעות

89 - Tecnologia

נ	כ	ר	ה	ח	ת	מ	ד	מ	ף	ב	פ	ל	נ
ח	ן	ה	א	ח	צ	ד	ן	צ	ת	ל	ב	ב	ר
מ	ח	ש	ב	א	ע	מ	פ	ל	ק	ו	ב	ץ	ב
פ	ף	א	י	כ	ג	ה	ר	מ	ל	ג	כ	צ	ר
ן	ח	נ	ט	צ	ג	ו	פ	ה	ש	ל	ב	נ	ב
ת	ן	ח	ח	ש	מ	ד	ב	ת	י	ם	נ	ת	ה
ב	ש	ג	ו	פ	ן	ע	ד	נ	ג	י	ף	ו	ר
א	ל	ס	ן	ג	ה	ה	ת	פ	ג	כ	פ	נ	ש
ו	י	ר	ט	ו	א	ל	י	ש	ד	ף	ג	י	ח
ד	ע	נ	ד	י	ג	י	ט	ל	י	פ	ב	ם	ת
ג	ב	ס	ט	ט	י	ס	ט	י	ק	ה	ן	ח	ס
ן	ג	ל	ג	ר	צ	ת	מ	ה	ר	נ	מ	צ	ן
ן	ם	א	ה	מ	נ	ע	ס	מ	ח	ק	ר	כ	צ
ף	ס	מ	ן	פ	כ	ט	ך	ף	ש	ד	ת	ד	ם

בלוג
דפדפן
בתים
מחשב
סמן
נתונים
דיגיטלי
קובץ
גופן
אינטרנט

הודעה
מחקר
מסך
ביטחון
תוכנה
סטטיסטיקה
מצלמה
וירטואלי
נגיף

90 - Arte

כ	ס	ס	ט	ג	מ	ן	ת	ש	ת	ו	מ	ד	ל
ף	ג	ש	נ	ב	מ	ם	י	ר	ו	י	צ	מ	ס
א	ת	ד	ח	י	ל	ח	מ	ט	ע	ג	ב	ה	ד
א	כ	ף	א	ט	ם	ז	י	ל	א	י	ר	ו	ס
צ	נ	כ	נ	ו	פ	ו	ח	מ	א	ש	ו	נ	מ
ף	ה	ה	ר	י	ש	ת	ה	י	ם	נ	ח	ק	ו
ע	ע	ג	ס	ע	ו	י	ש	ם	ם	ש	ו	ב	ר
ר	ג	ו	ם	ב	ט	י	ר	צ	ל	ר	ן	ר	כ
ע	ל	ב	ה	ג	ת	ח	א	ע	י	פ	ר	ר	ב
ל	ע	ר	ן	כ	ש	ג	ה	פ	ט	ן	ף	ש	ח
נ	א	ת	ס	ר	ד	כ	ל	ר	ם	צ	כ	ש	צ
ד	ע	ף	ש	ל	כ	ח	ף	ט	נ	נ	ן	ג	ש
ה	ק	י	מ	ר	ק	ף	ש	מ	ר	ב	כ	ר	ה
ל	ש	ט	ע	ח	ג	ת	כ	מ	נ	נ	ל	מ	ס

אישי
שירה
פיסול
פשוט
סמל
נושא
סוריאליזם
מצב רוח
חזותי

קרמיקה
מורכב
הרכב
ציורים
ביטוי
דמות
השראה
כנה
מקורי

91 - Meteo

ט	ת	ס	כ	ף	ב	כ	כ	ל	ט	י	ש	א	ן
ל	מ	ס	ש	ת	צ	ל	ב	ב	ק	ב	ר	ק	ף
פ	ד	פ	כ	מ	ו	נ	ש	ח	ף	ש	כ	ל	ה
ד	ס	ע	ר	ה	ר	ח	א	ר	ט	ע	ת	י	ד
ט	מ	ר	ע	ט	ת	ט	ר	ו	פ	י	ס	ם	ל
ד	ט	פ	ם	ו	ו	ק	ר	ח	ש	ח	ס	נ	ן
ע	ל	ל	ח	ר	ל	ר	ת	ע	ס	ח	ן	ש	ב
ח	ס	ר	ד	נ	פ	ן	ה	נ	ב	ג	ר	ט	ע
א	ר	ר	ב	ד	פ	צ	ק	א	מ	ב	ס	ג	פ
מ	ו	נ	ס	ו	ן	ס	ו	ש	צ	צ	ג	ה	ד
ש	·	ו	ל	ר	ף	צ	ט	ש	פ	ט	פ	ט	ס
ה	ח	ב	י	ף	ר	נ	ב	ע	ג	מ	ל	נ	א
ה	_	ט	ם	ר	ק	י	ע	ה	ו	ר	י	ק	ן
ח	ש	ף	ן	ם	ה	ע	נ	ן	ת	ה	צ	ה	ן

ענן
הקוטב
בצורת
טמפרטורה
סערה
טורנדו
טרופי
רעם
הוריקן
רוח

קשת
יבש
אווירה
רוּחַ
רקיע
אקלים
ברק
קרח
מונסון
ערפל

92 - Corpo Umano

כ	ט	ע	צ	ן	נ	מ	ש	ג	ח	ר	א	ת	ה
ח	פ	י	ו	ק	ט	א	ף	ע	ש	נ	ג	ב	ש
ח	ח	ן	ו	ר	ל	ו	ט	ד	ה	ם	ל	ב	ב
ס	כ	ס	א	ס	ב	ז	ן	א	ף	ב	ן	ן	ט
ט	נ	ם	ר	ו	ר	ן	ה	צ	צ	ד	ת	צ	ט
ת	ט	ט	מ	ל	ג	ן	ע	כ	צ	ף	ס	ת	ף
ם	צ	ב	ר	ת	ל	ם	א	ב	נ	ם	ת	מ	פ
צ	ג	צ	פ	א	ד	מ	ת	צ	צ	מ	ר	ו	ד
ס	ף	ל	ק	י	ב	ה	כ	ת	ף	פ	מ	ח	א
ה	ב	א	ל	ד	ר	א	ט	ט	פ	ה	נ	ף	ס
ר	א	ש	ד	ם	ך	צ	ם	ר	ס	נ	כ	י	ח
ן	ג	כ	ס	ש	ף	ב	ש	ט	ע	ג	ן	ג	ם
נ	פ	מ	ד	נ	כ	ע	ס	ן	ם	ב	פ	ד	צ
כ	ם	ם	כ	א	ב	ף	ס	ב	ת	ח	ח	ג	צ

פה
קרסול
מוח
צוואר
לב
אצבע
פנים
רגל
ברך
מרפק

יד
סנטר
אף
עין
אוזן
עור
דם
כתף
קיבה
ראש

93 - Mammiferi

ב	ר	נ	ק	ס	ק	נ	ג	ו	ר	ו	כ	ף	ר
ח	ב	ח	ת	ו	ל	כ	ו	ב	צ	ם	ל	נ	ס
ב	ף	א	ס	ס	ף	מ	ר	ז	נ	ם	ב	ם	ש
ה	צ	ש	מ	ש	ל	ת	י	א	נ	ג	ש	ב	ה
ף	כ	ן	מ	ס	צ	ן	ל	ב	ה	מ	ח	ב	ת
ד	ו	ל	פ	י	ן	פ	ה	ע	ם	ן	ב	ן	ע
ב	ן	ן	ז	ב	ר	ה	ג	ר	ב	א	ה	ת	ע
א	ט	ר	ם	כ	ל	ג	כ	ב	ף	כ	ן	ם	ג
ר	א	ף	נ	צ	ה	ן	ס	ו	ה	ת	ס	ר	מ
נ	כ	נ	כ	ב	ש	י	ם	ת	ח	מ	ם	ח	ד
ב	ג	צ	ג	י	ר	פ	ה	ש	ו	ע	ל	ן	ן
פ	ב	ע	ד	ד	ת	ז	ט	צ	ו	ד	ן	נ	מ
י	ע	ן	כ	ט	ו	א	א	ב	מ	ר	ד	פ	ף
ל	ו	ו	י	ת	ן	ב	א	ר	י	ה	מ	ה	ל

לוויתן
כלב
קנגורו
סוס
צבי
ארנב
זאב ערבות
דולפין
פיל
חתול

ג'ירפה
גורילה
אריה
זאב
דוב
כבשים
קוף
שור
שועל
זברה

94 - Arrampicata

ג	ר	ם	ס	א	א	א	פ	כ	ש	י	ט	מ	כ
ד	ם	ע	ב	ר	ש	צ	ג	פ	ב	צ	י	ג	ה
ט	ת	ש	ג	ל	י	ז	י	פ	ת	י	ו	פ	מ
נ	פ	ר	צ	ע	ה	ח	מ	ו	מ	ב	ל	י	ג
ן	ד	ר	ה	א	כ	ן	ה	ת	ה	ו	י	י	ף
ג	ש	ט	כ	ו	ח	ע	ג	ד	כ	ת	ם	ם	כ
ס	ט	ף	ע	ו	א	ה	ם	י	כ	י	ר	ד	מ
ה	צ	ת	ם	י	ד	ג	ף	מ	ה	פ	פ	ן	ף
ה	ת	ו	נ	ר	ק	ס	ש	ע	ב	א	ם	ב	ה
נ	ח	ו	כ	ה	ס	ל	ש	ם	י	ר	ג	ת	א
א	ע	ה	פ	מ	ד	מ	ג	צ	ף	ד	ח	ד	ת
מ	ת	ס	ת	ע	ה	כ	ד	ל	ג	א	פ	ה	ע
ס	א	ס	נ	ר	ה	ר	פ	כ	צ	ס	צ	ע	מ
ף	ם	ד	ג	ה	ף	ט	ב	ר	א	פ	ח	ט	ב

מערה
כפפות
מדריכים
פציעה
מפה
אתגרים
יציבות
מגפיים
צר

גובה
אווירה
קסדה
סקרנות
טיולים
מומחה
פיזי
הדרכה
כוח

95 - Animali Domestici

א	ב	ח	ג	א	ר	ת	א	נ	ד	א	ע	ש	ט
ה	ו	א	ס	ש	א	מ	נ	ב	ד	ר	פ	מ	ל
ר	א	ג	כ	צ	ף	ח	ס	ח	ג	ף	פ	כ	ד
ר	ר	א	ר	ן	ף	ב	ף	ף	ש	ס	ש	ל	א
ע	נ	ם	מ	מ	י	ם	ע	כ	כ	ג	צ	ב	ח
ר	ב	נ	נ	מ	מ	ט	ח	ת	ל	ת	ו	ל	ף
ה	ש	ט	ת	ף	כ	א	ת	ו	ב	ט	ו	ב	ה
ר	נ	ף	כ	נ	פ	ד	ו	כ	ר	ה	א	ר	כ
ע	ד	ג	ס	ה	ל	ן	ל	י	ש	ה	ר	ה	ו
כ	ז	נ	ב	ג	ח	ש	ן	נ	ל	מ	ו	ב	ט
ב	פ	כ	ה	מ	א	ב	ע	פ	כ	ם	ן	ר	ר
ר	צ	ו	ע	ה	מ	ז	ו	ן	פ	ר	ה	ף	י
ע	פ	ע	ח	צ	ב	צ	צ	ם	ו	ס	ד	ג	נ
צ	מ	ן	ם	ס	צ	ח	ע	ת	ת	ט	ד	נ	ר

מים
כלב
עז
מזון
זנב
צווארון
ארנב
אוגר
כלבלב
חתלתול

חתול
רצועה
לטאה
פרה
תוכי
דג
צב
עכבר
וטרינר
כפות

96 - Cucina

פ	ח	מ	ג	ם	ו	ק	מ	ו	ק	ת	י	פ	מ
ת	ת	ק	ע	ג	נ	ף	כ	ר	כ	ף	כ	ז	ת
פ	נ	ל	צ	ס	ל	ם	ת	נ	ר	ן	ל	ד	כ
ן	ו	ו	נ	כ	נ	ס	ב	כ	ס	ג	ש	ס	ו
ה	ר	ת	ל	י	ר	ג	ל	ר	ו	צ	נ	ט	ן
ד	ג	א	ס	נ	ה	ג	י	ת	כ	ש	ש	ס	ב
ל	נ	כ	ר	י	נ	ת	נ	צ	נ	צ	ג	פ	ף
ם	ף	י	א	ם	ש	מ	י	ן	ג	פ	י	ו	נ
ף	א	ל	ם	ם	ח	מ	ם	ם	ח	ו	ד	ג	ן
ב	א	ה	כ	מ	מ	נ	מ	ף	ת	צ	ת	ש	ם
ר	ר	ק	מ	ז	א	ם	ק	פ	ל	ח	ל	ש	ג
ב	ש	ב	צ	ו	ן	ע	פ	ש	כ	ר	נ	י	ס
ל	מ	ט	ק	ן	ר	ן	י	ט	ת	ו	ס	ו	כ
כ	ר	מ	ת	ה	ל	ד	א	ד	ה	צ	ש	נ	ב

מקרר
סינר
גריל
מצקת
מתכון
תבלינים
ספוג
כוסות
מפית
צנצנת

מקלות אכילה
קומקום
כד
מזון
קערה
סכינים
מקפיא
כפיות
מזלגות
תנור

97 - Vacanze #2

פ	ט	ף	א	ר	ד	ף	ש	נ	ש	מ	ל	ו	ן
ת	ן	נ	ו	נ	כ	פ	מ	צ	ף	ס	ל	ל	ק
מ	ח	ג	ה	ב	א	ב	ב	ח	ג	ע	ף	ס	מ
ו	מ	ב	ל	ב	י	ג	ת	מ	ו	נ	ו	ת	פ
נ	ס	ש	ו	ז	מ	פ	ה	ח	י	ף	ש	ר	י
י	ע	ד	ד	ר	כ	ו	ן	פ	ז	ת	צ	ן	נ
ת	ד	ה	מ	א	ה	נ	ת	נ	ה	ה	ד	צ	ג
ב	ה	ת	ל	ת	כ	ת	ב	א	י	ם	פ	ל	ט
פ	ב	ע	ב	ע	ן	ע	ע	י	ח	ב	ת	צ	ח
ס	ר	ו	מ	ל	ט	פ	ע	ט	ט	פ	ה	א	ג
ת	מ	פ	ט	ה	ט	ב	ב	מ	ס	ש	ה	מ	ן
ף	ת	ה	ה	ח	נ	נ	ם	ת	פ	ט	ב	ה	ר
ס	ף	ר	פ	פ	ד	א	ט	ד	ס	נ	מ	ל	מ
ב	א	ף	ט	ט	ס	ע	ע	ס	ה	ל	ט	ת	ט

שדה תעופה
קמפינג
יעד
תמונות
מלון
אי
מפה
ים
דרכון
מסעדה

חוף
זר
מונית
פנאי
אוהל
תחבורה
רכבת
חג
מסע
ויזה

98 - Attività

ג	ה	ב	ד	ם	ם	ת	ר	מ	ת	ע	נ	ו	ג
י	ט	י	ו	ל	י	ם	י	ל	פ	א	ף	א	ה
נ	כ	א	צ	ג	צ	א	ק	א	י	מ	ר	ג	מ
ו	צ	י	ד	מ	פ	צ	ו	כ	ר	נ	ר	ה	ש
ן	י	נ	ם	ש	ע	ב	ד	ת	ה	ו	כ	ה	ח
מ	ל	ט	ס	ס	י	ט	ג	י	ן	ת	ע	ד	ק
ח	ו	ר	ע	מ	ל	ת	ב	ד	ג	ה	ד	מ	י
נ	ם	ס	ף	י	ו	ם	ח	צ	ה	צ	ד	ע	ם
ע	צ	י	ף	ו	ת	ר	ל	צ	ק	ר	י	א	ה
ם	ג	ם	ח	מ	ק	מ	פ	י	נ	ג	פ	מ	נ
ף	ע	ד	ח	נ	מ	ס	ל	נ	ג	צ	נ	י	נ
צ	ח	י	ד	ו	ת	ל	ם	ח	ט	ג	א	ת	ה
י	ת	ן	ב	ת	נ	ח	ד	ח	צ	צ	י	ב	ג
ד	ר	ב	ם	ב	ט	ד	ן	ת	ד	ל	ן	ג	כ

גינון
משחקים
אינטרסים
קריאה
קסם
דיג
תענוג
חידות
הרפיה
פנאי

מיומנות
אמנות
מלאכת יד
פעילות
ציד
קמפינג
תפירה
ריקוד
טיולים
צילום

99 - Forniture Artistiche

צ	צ	נ	נ	ל	ר	ח	ם	ח	פ	ל	מ	פ	ט
ע	ב	י	ן	ח	א	ר	כ	ת	ס	א	ר	ב	ף
צ	ע	י	ק	ב	ד	ס	ם	ג	ט	נ	ל	כ	כ
ב	י	ר	ר	ו	י	צ	ן	כ	ל	ה	ה	ע	ם
נ	ם	צ	כ	כ	ו	ל	א	ס	י	כ	מ	ח	ע
צ	ר	ט	ת	ו	ש	ר	ב	מ	ם	צ	א	ה	א
ש	ש	ת	ו	נ	ו	ר	פ	ע	ע	י	כ	ק	ר
כ	מ	ס	צ	ש	ג	ל	ף	ף	ב	צ	ר	ף	ן
ח	ף	מ	ן	ש	ת	ת	ם	י	מ	י	מ	ף	ע
מ	ם	י	מ	י	ע	ב	צ	ח	ל	ר	ק	ח	מ
ל	ן	ן	מ	ב	א	ל	ם	י	מ	ת	ג	מ	צ
ת	ו	נ	ו	י	ע	ר	ק	ת	ב	י	ם	כ	ל
ת	צ	ט	ב	מ	ר	פ	ב	ת	ף	ו	מ	ם	מ
א	ט	ח	ם	ט	ע	ב	ש	צ	ן	ת	ת	ח	ה

מים
צבעי מים
אקריליק
חרס
פחם
נייר
כן ציור
דבק
צבעים
יצירתיות

מחק
רעיונות
דיו
עפרונות
שמן
פסטלים
כיסא
מברשות
טבלה
מצלמה

100 - Misurazioni

מ	א	מ	ה	ט	ס	ף	צ	ה	ק	ד	ה	ל	ש
ט	ו	ב	ר	פ	ב	כ	מ	ל	ק	ש	מ	ש	ע
ר	נ	כ	צ	ט	נ	פ	נ	נ	ב	ם	ס	ד	ף
ם	ק	ב	צ	ס	ת	ח	ה	ע	מ	נ	ה	ע	ם
ן	י	ב	ל	א	ח	צ	ע	ש	ן	א	ס	ש	מ
ת	י	ם	מ	צ	ט	א	ם	ר	ג	ו	ל	י	ק
ו	ת	מ	ש	ה	צ	ר	ת	ו	ו	ר	ט	י	ל
א	ט	ה	צ	ל	ם	ח	פ	נ	ב	ך	ל	ג	פ
ר	ת	ת	צ	ב	ן	נ	ד	י	ה	ו	ת	ן	צ
כ	ן	ף	ה	נ	נ	ן	ב	ח	מ	ט	ה	א	ג
ק	מ	ו	ע	ר	ל	ן	ו	ט	א	פ	צ	א	ר
ת	נ	ח	ו	מ	פ	ב	ר	ע	ד	ד	פ	י	ם
ס	ג	ח	ע	ד	ב	ד	ר	ט	מ	י	ט	נ	ס
א	ב	ה	ס	א	ד	ל	ד	ט	פ	ה	ת	ץ	ף

אורך
מסה
מטר
דקה
אונקיית
משקל
אינץ
עומק
טון
נפח

גובה
בית
סנטימטר
קילוגרם
קילומטר
עשרוני
תואר
גרם
רוחב
ליטר

1 - Scacchi

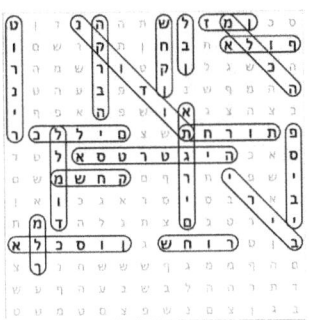

2 - Strumenti

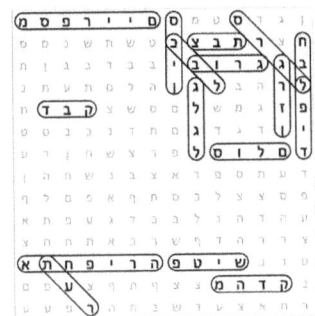

3 - Aggettivi #2

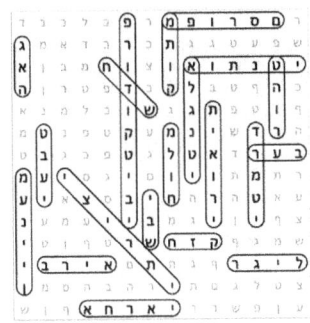

4 - Pesca

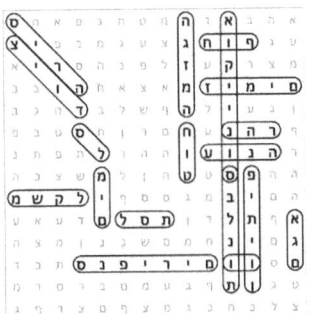

5 - Aggettivi #1

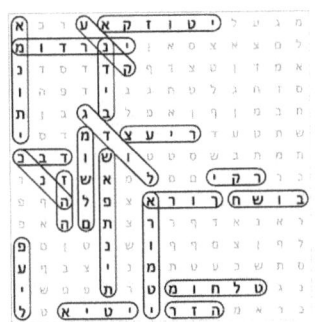

6 - Geologia

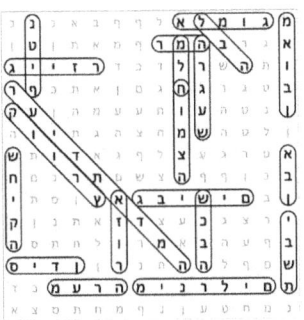

7 - Campeggio

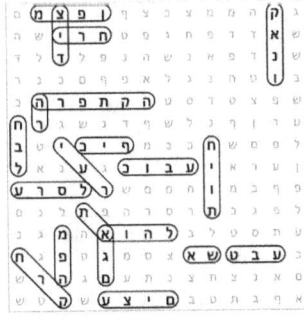

8 - Arti Visive

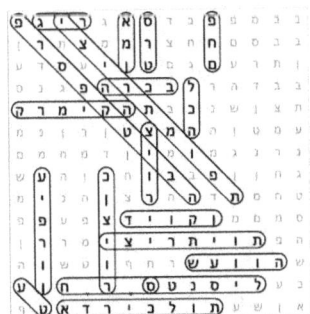

9 - Esplorazione

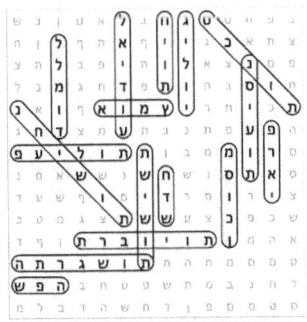

10 - Tempo

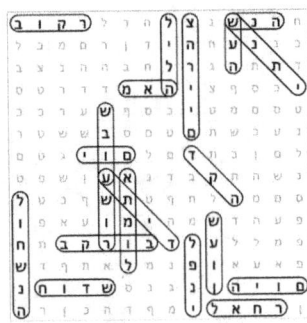

11 - Astronomia

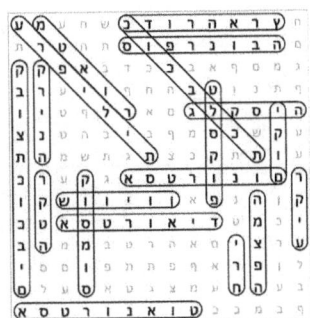

12 - Circo

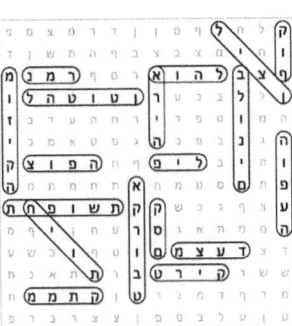

13 - Mitologia

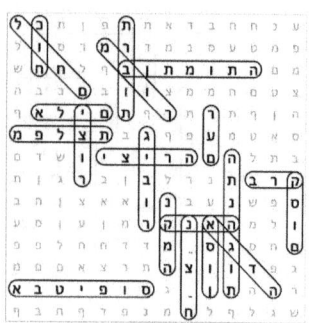

14 - Piante

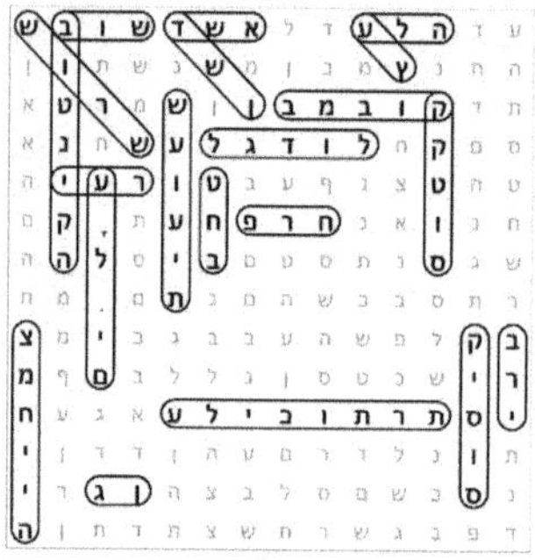

15 - Spezie

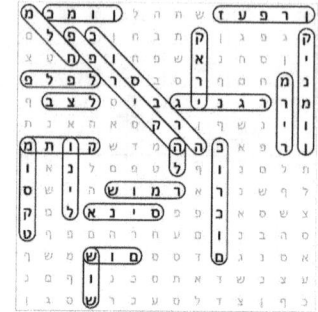

16 - Numeri

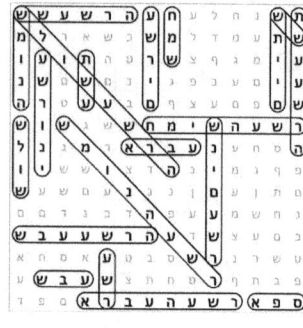

17 - Cioccolato

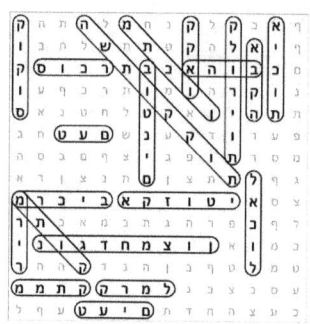

18 - Guida

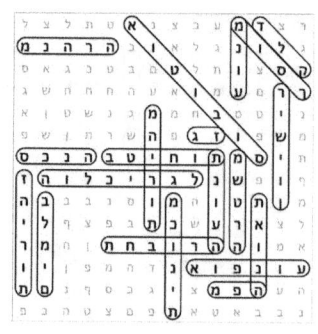

19 - Sport

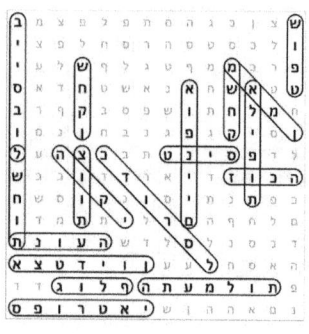

20 - Giocattoli

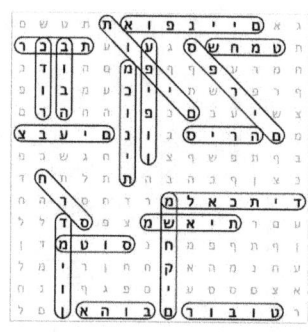

21 - Strumenti di Cottura

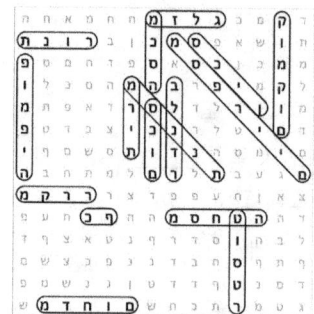

22 - Uccelli

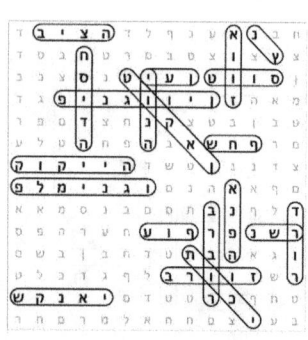

23 - Giorni e Mesi

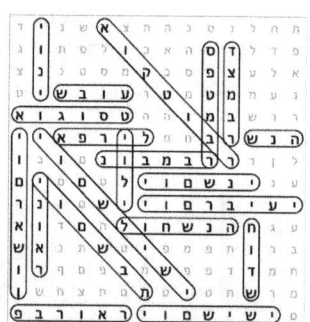

24 - Casa

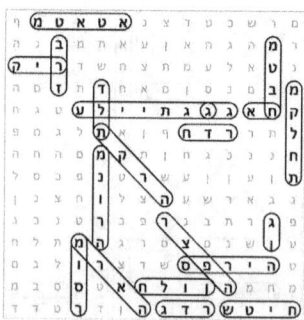

25 - Ristorante #1

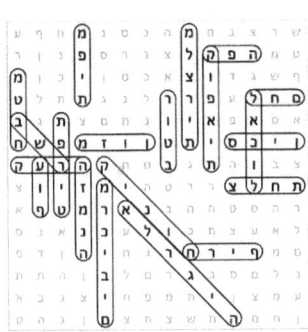

26 - Fantascienza

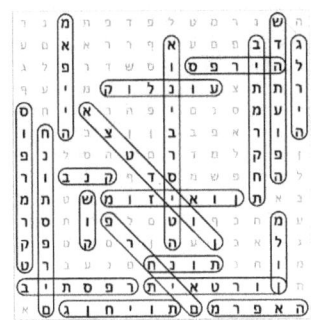

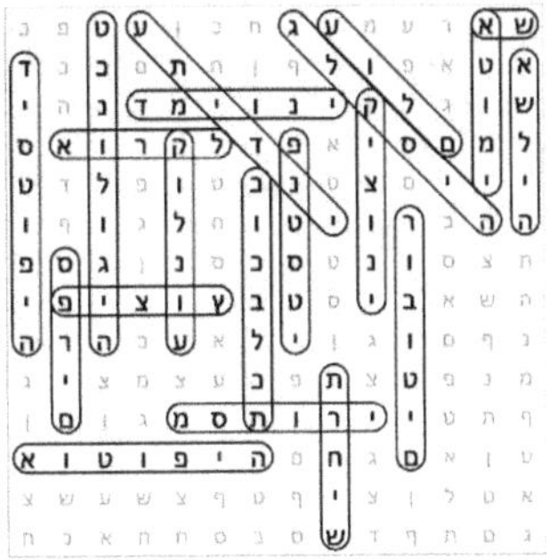

27 - Città

28 - Compleanno

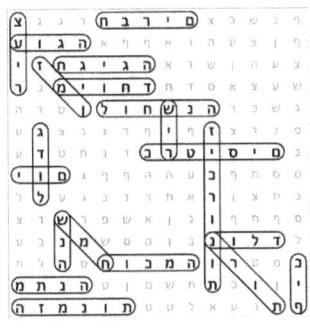

29 - Fattoria #1

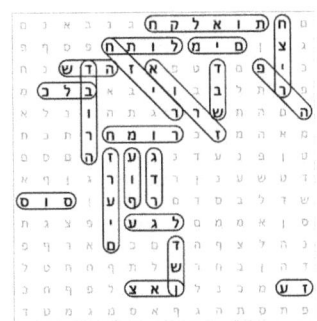

30 - Paesaggi

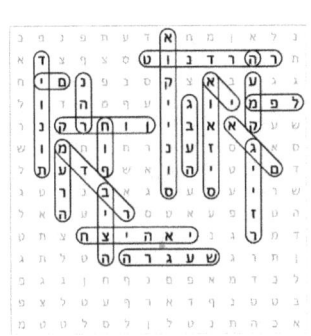

31 - Ristorante #2

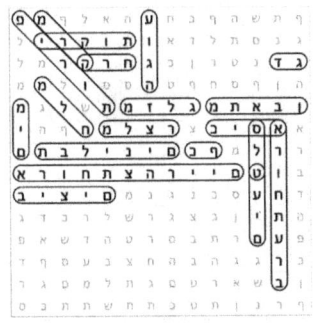

32 - Giardino

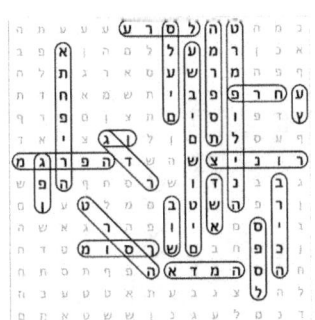

33 - Frutta

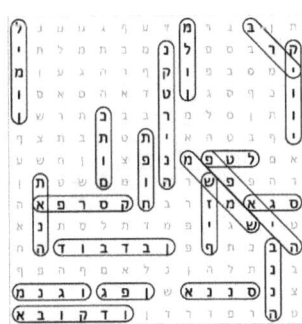

34 - Fattoria #2

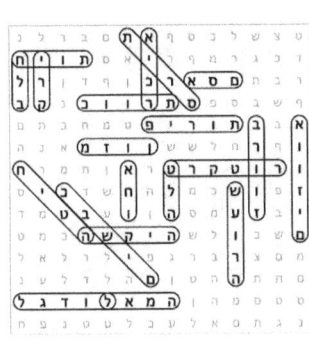

35 - Dinosauri

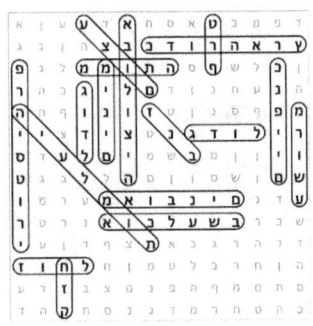

36 - Verdure

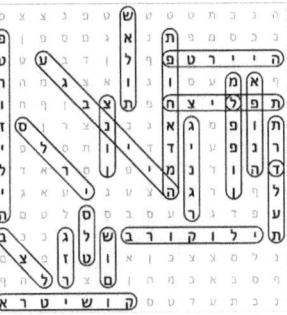

37 - Scuola #2

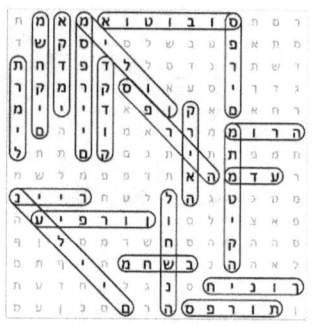

38 - Gentilezza

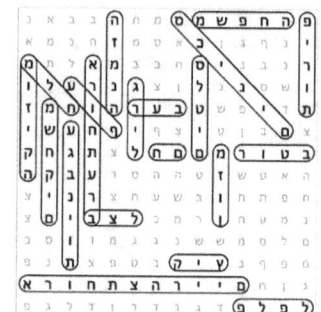

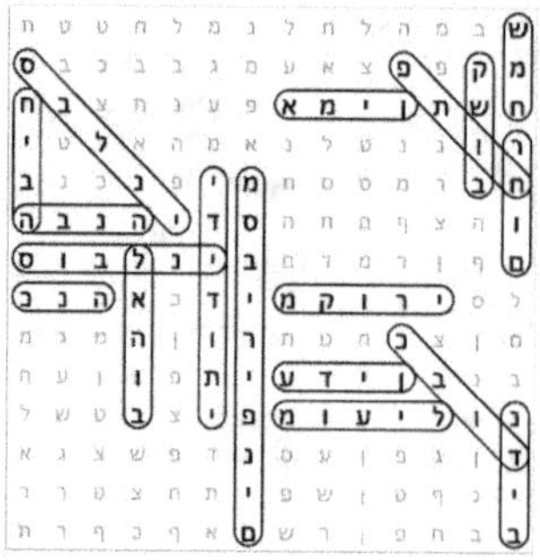

39 - Barbecue

40 - Riempire

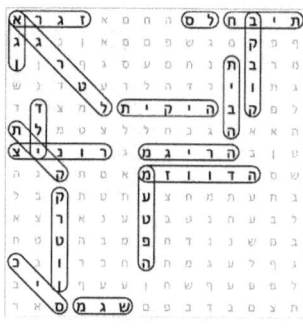

41 - Insetti

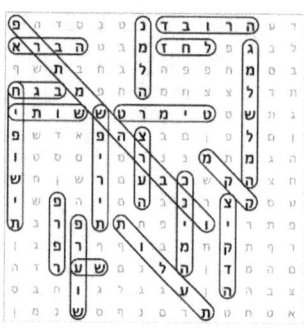

42 - Erboristeria

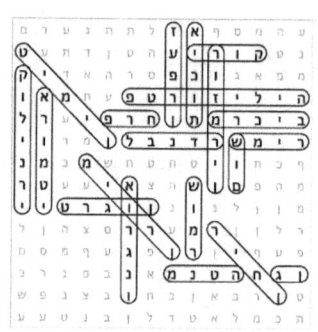

43 - Danza

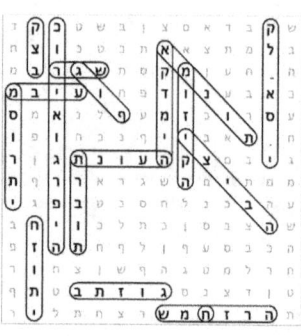

44 - Scuola #1

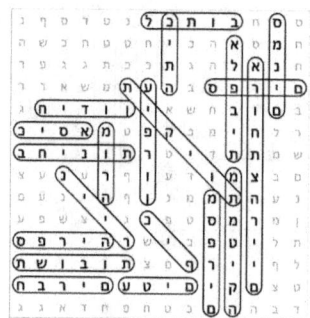

45 - Fiori

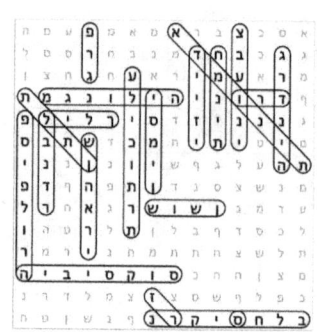

46 - Ecologia

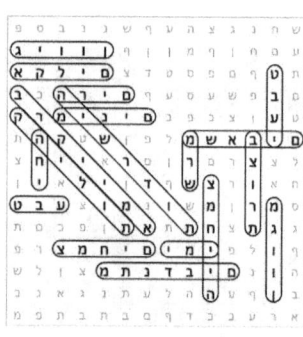

47 - Discipline Scientifiche

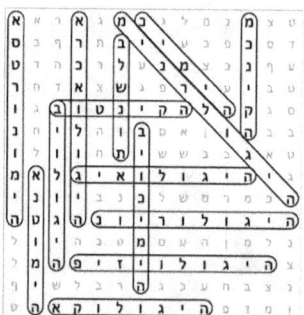

48 - Scienza

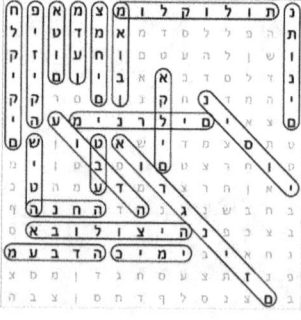

49 - Acqua

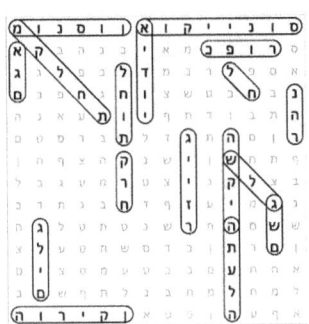

50 - Gatti

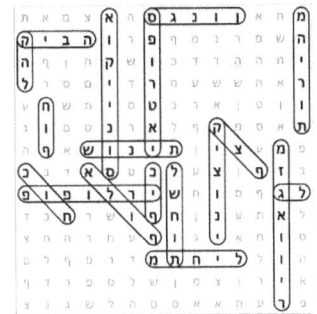

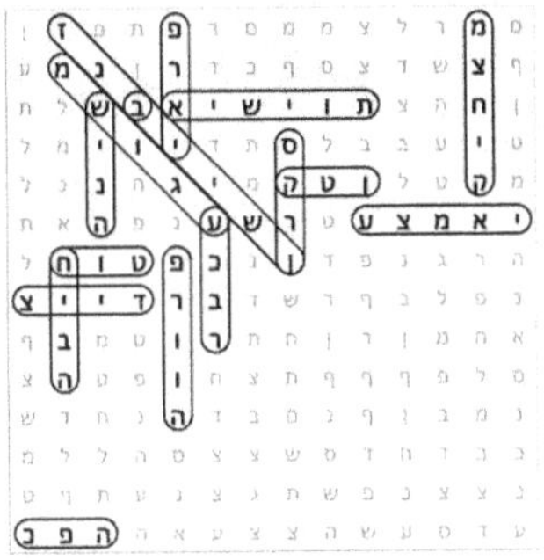

51 - Surf

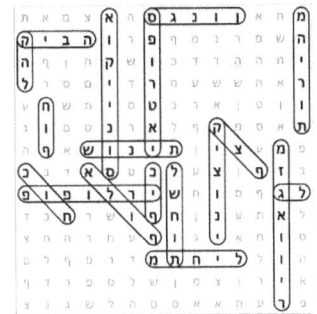

52 - Imbarcazioni

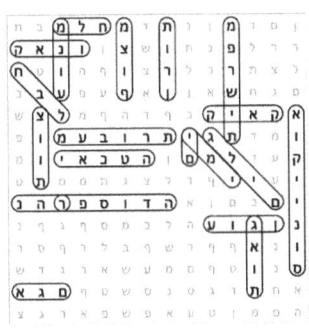

53 - Api

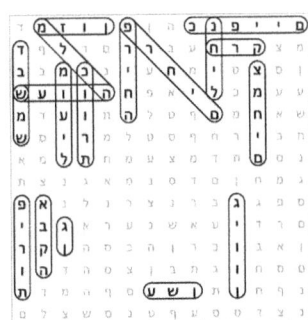

54 - Strumenti Musicali

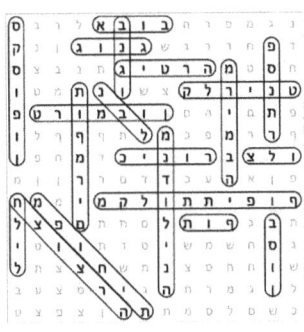

55 - Professioni #2

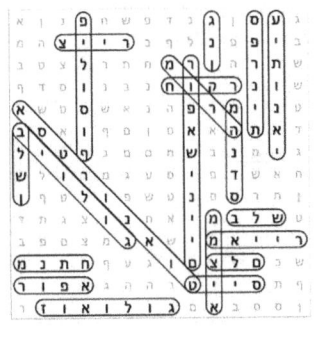

56 - Letteratura

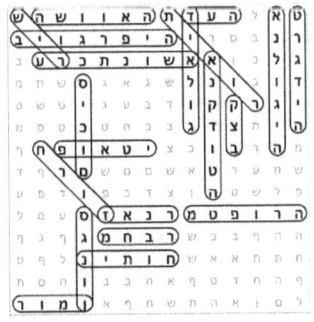

57 - Cibo #2

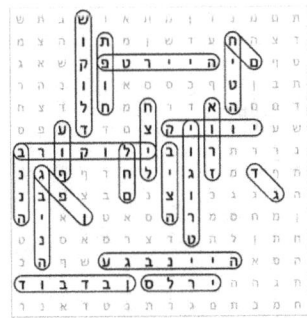

58 - Nutrizione

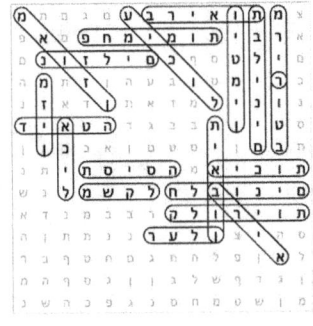

59 - Matematica

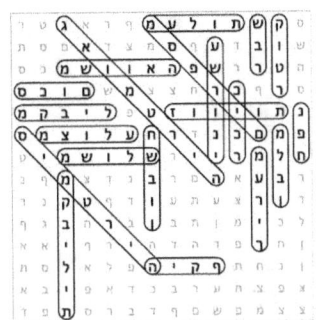

60 - Bagno

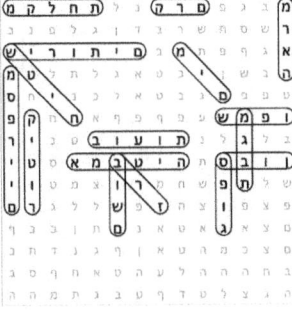

61 - Meditazione

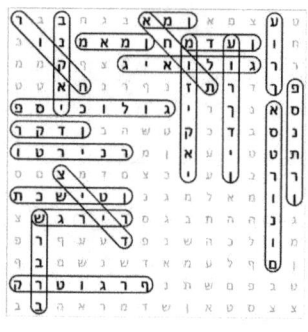

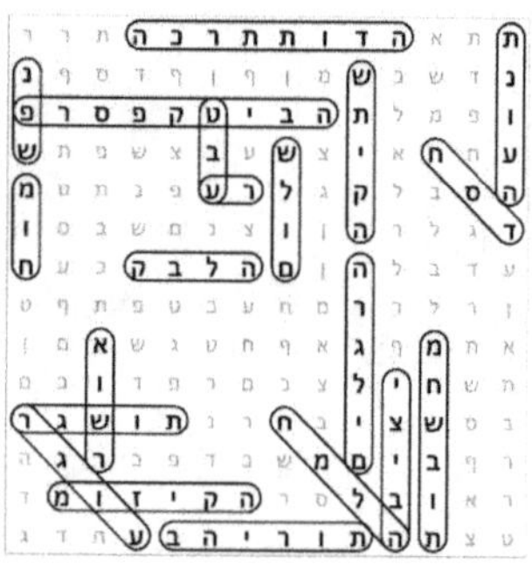

62 - Estate

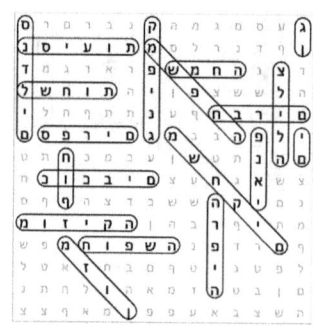

63 - Escursionismo

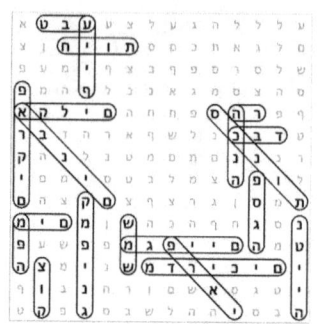

64 - Professioni #1

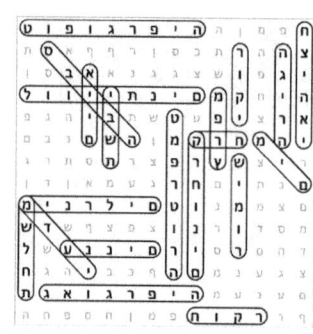

65 - Antartide

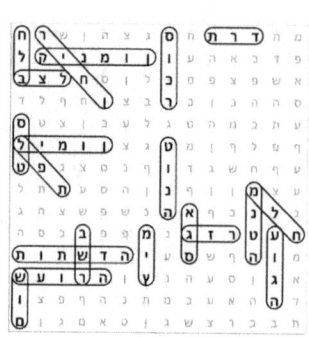

66 - Libri

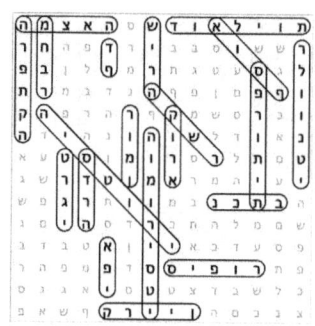

67 - Geografia

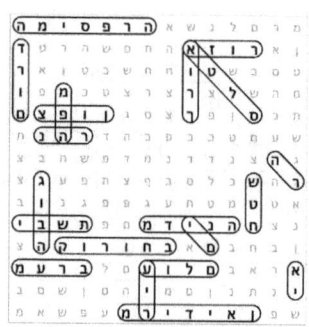

68 - Cibo #1

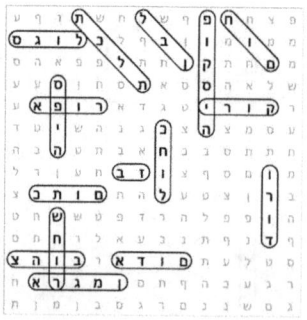

69 - Aeroplani

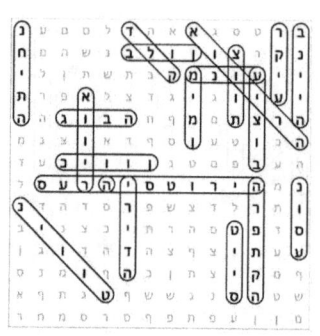

70 - Pirati

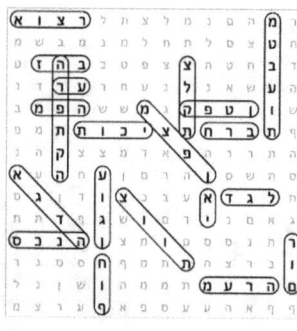

71 - Colori

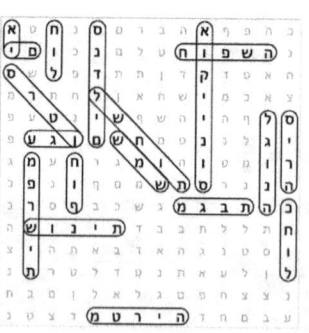

72 - Spiaggia

73 - Avventura

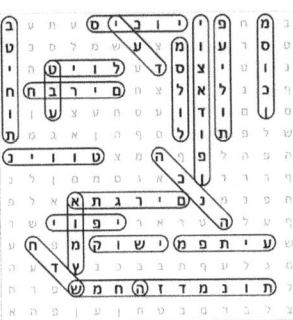

74 - Forme

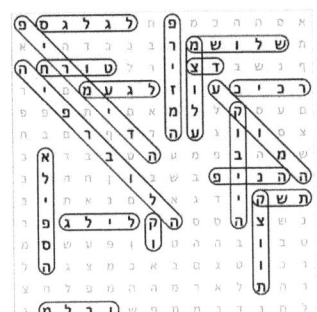

75 - Oceano

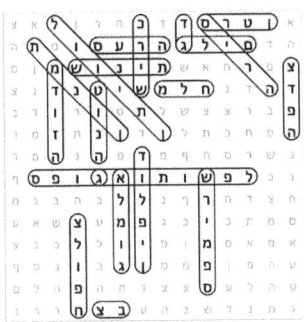

76 - Famiglia

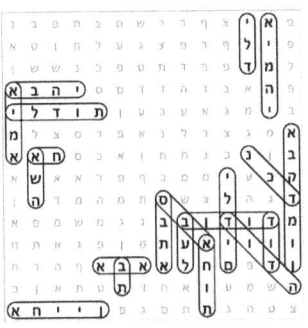

77 - Veicoli

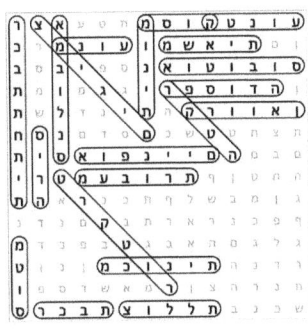

78 - Emozioni

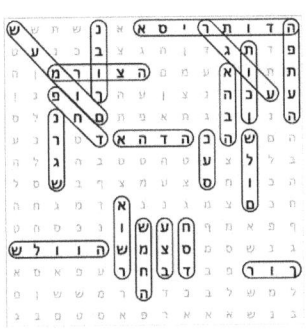

79 - Natura

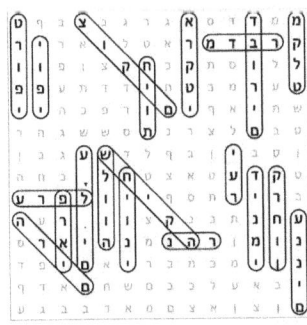

80 - Balletto

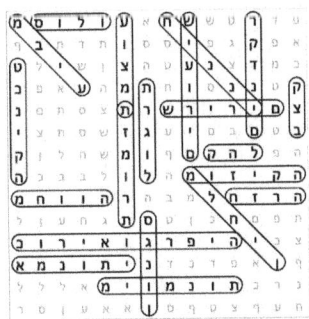

81 - Castelli

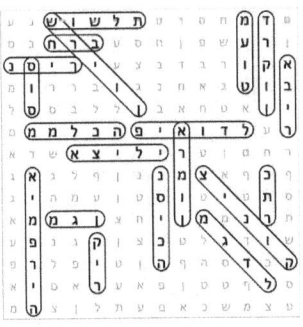

82 - Campionato

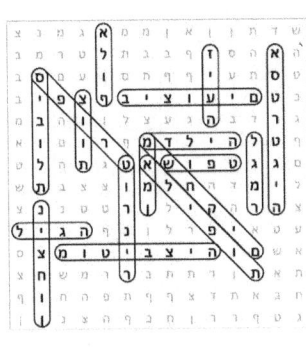

83 - Foresta Pluviale

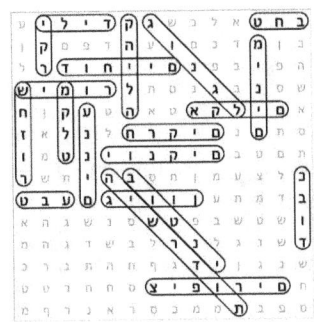

84 - Edifici

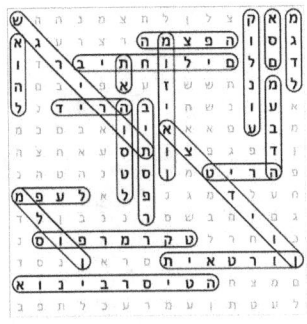

85 - Paesi #2

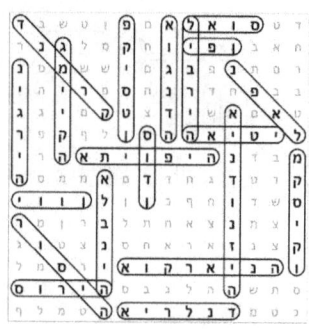

86 - Tipi di Capelli

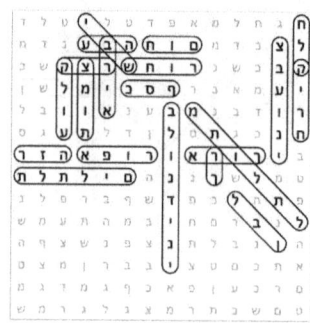

87 - Vestiti

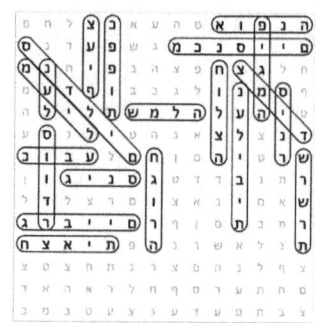

88 - Attività e Tempo Libero

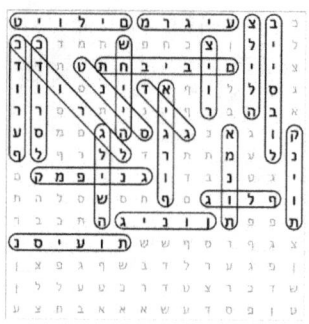

89 - Tecnologia

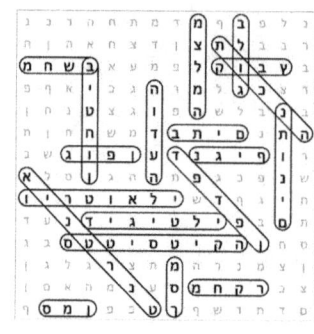

90 - Arte

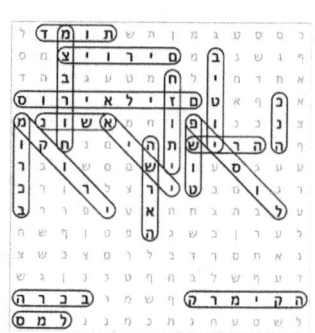

91 - Meteo

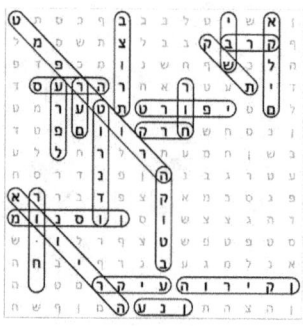

92 - Corpo Umano

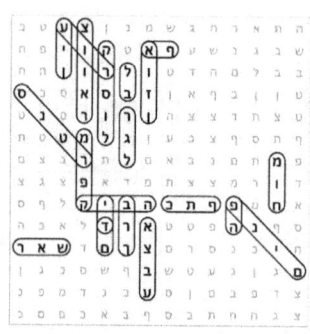

93 - Mammiferi

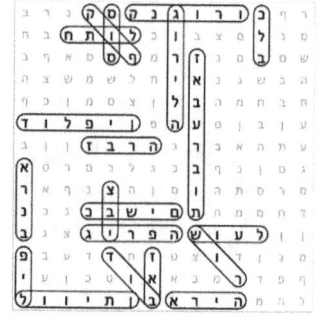

94 - Arrampicata

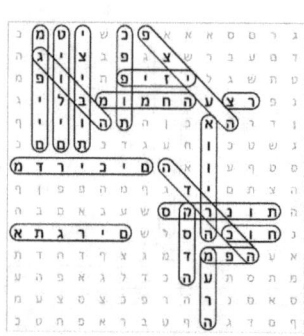

95 - Animali Domestici

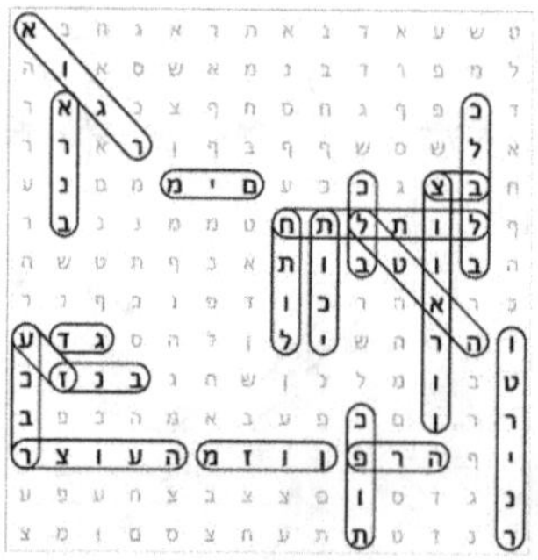

96 - Cucina

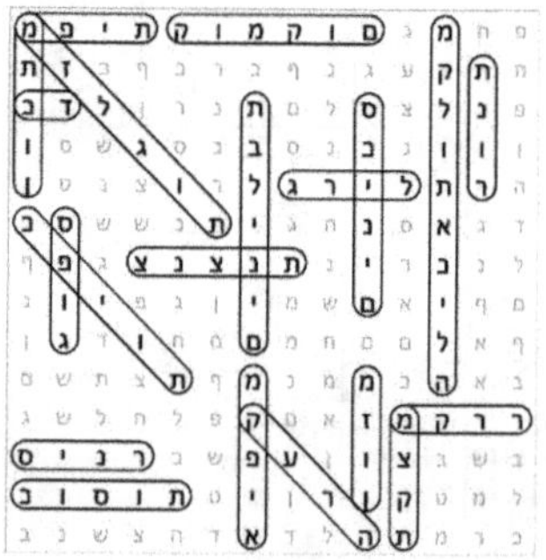

97 - Vacanze #2

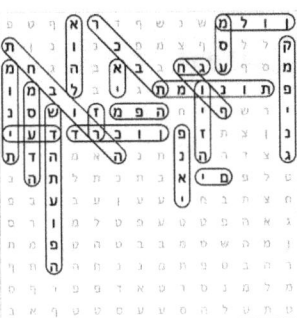

98 - Attività

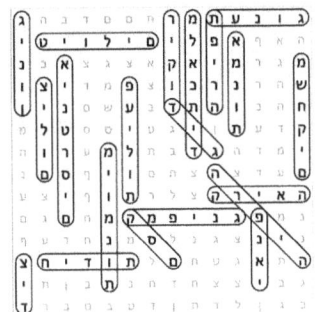

99 - Forniture Artistiche

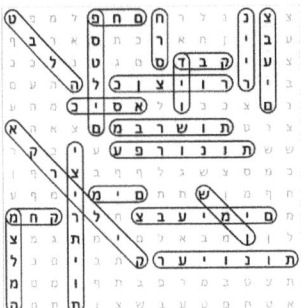

100 - Misurazioni

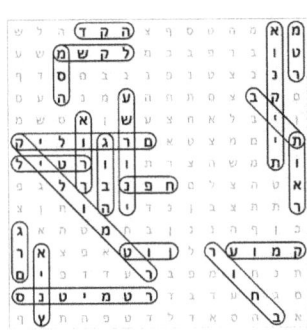

Dizionario

Acqua
םים

Canale	הלעתה
Doccia	תחלקמ
Evaporazione	יודיא
Fiume	רהנ
Gelo	רופכ
Geyser	רזייג
Ghiaccio	חרק
Irrigazione	היקשה
Lago	םגא
Monsone	ןוסנומ
Neve	גלש
Oceano	סונייקוא
Onde	םילג
Pioggia	םשג
Umidità	תוחל
Umido	חל
Uragano	ןקירוה

Aeroplani
םיסוטמ

Altezza	הבוג
Aria	ריווא
Atmosfera	הריווא
Atterraggio	התיחנ
Avventura	הקתפרה
Carburante	קלד
Cielo	עיקר
Costruzione	היינב
Design	בוציע
Direzione	ןוויכ
Discesa	הדירי
Equipaggio	תווצ
Idrogeno	ןמימ
Motore	עונמ
Navigare	טווינ
Palloncino	ןולב
Passeggero	עסונ
Pilota	סייט
Storia	הירוטסיה
Turbolenza	הרעס

Aggettivi #1
#1 ראות תומש

Ambizioso	תינתפאש
Aromatico	יטמורא
Artistico	יתונמא
Assoluto	טלחומ
Attivo	ליעפ
Enorme	קנע
Esotico	יטוזקא
Generoso	בידנ
Giovane	ריעצ
Grande	לודג
Identico	ההז
Importante	בושח
Lento	יטיא
Lungo	ךורא
Moderno	ינרדומ
Onesto	ןכ
Perfetto	םלשומ
Pesante	דבכ
Prezioso	רקי
Sottile	קד

Aggettivi #2
#2 ראות תומש

Affamato	בער
Asciutto	שבי
Autentico	יטנתוא
Creativo	יתריצי
Descrittivo	יראית
Dolce	קותמ
Drammatico	יטמרד
Elegante	יטנגלא
Famoso	םסרופמ
Forte	קזח
Interessante	ןיינעמ
Naturale	יעבט
Normale	ליגר
Nuovo	שדח
Orgoglioso	האג
Produttivo	יביטקודורפ
Puro	רוהט
Responsabile	יארחא
Salato	חולמ
Sano	אירב

Animali Domestici
תויח תחמד

Acqua	םים
Cane	בלכ
Capra	זע
Cibo	ןוזמ
Coda	בנז
Collare	רואוצ
Coniglio	בנרא
Criceto	רגוא
Cucciolo	בלבלכ
Gattino	לותלתח
Gatto	לותח
Guinzaglio	רצועה
Lucertola	האטל
Mucca	הרפ
Pappagallo	יכות
Pesce	גד
Tartaruga	בצ
Topo	רבכע
Veterinario	רנירטו
Zampe	ךופת

Antartide
הקיטקראטנא

Acqua	םים
Ambiente	הביבס
Baia	ץרפמ
Balene	םינתייול
Conservazione	רומיש
Continente	תשבי
Geografia	היפרגואג
Ghiacciai	םינוחרק
Ghiaccio	חרק
Isole	םייא
Migrazione	הריגה
Minerali	םילרנימ
Nuvole	םיננע
Penisola	יאה יצח
Ricercatore	רקוח
Roccioso	ירוק
Scientifico	ימדע
Spedizione	תחלשמ
Temperatura	הרוטרפמט
Topografia	היפרגופוט

Api
דבורים

Ali	כנפיים
Alveare	כוורת
Benefico	מועיל
Cera	שעווה
Cibo	מזון
Diversità	גיוון
Fiori	פרחים
Fiorire	פריחה
Frutta	פירות
Fumo	עשן
Giardino	גן
Insetto	חרק
Miele	דבש
Piante	צמחים
Polline	אבקה
Regina	מלכה
Sciame	נחיל
Sole	שמש

Arrampicata
טיפוס

Altitudine	גובה
Atmosfera	אוויר
Casco	קסדה
Curiosità	סקרנות
Escursioni	טיולים
Esperto	מומחה
Fisico	פיזי
Formazione	הכרדה
Forza	כוח
Grotta	מערה
Guanti	כפפות
Guide	מדריכים
Lesione	פציעה
Mappa	מפה
Sfide	אתגרים
Stabilità	יציבות
Stivali	מגפיים
Stretto	צר

Arte
אמנות

Ceramica	קרמיקה
Complesso	מורכב
Composizione	הרכב
Dipinti	ציורים
Espressione	ביטוי
Figura	דמות
Ispirato	השראה
Onesto	כנה
Originale	מקורי
Personale	אישי
Poesia	שירה
Scultura	פיסול
Semplice	פשוט
Simbolo	סמל
Soggetto	נושא
Surrealismo	סוריאליזם
Umore	מצב רוח
Visivo	חזותי

Arti Visive
אמנות חזותית

Architettura	אדריכלות
Argilla	ח.ר.ס
Artista	אמן
Capolavoro	יצירת מופת
Carbone	פחם
Cavalletto	כן ציור
Cera	שעווה
Ceramica	קרמיקה
Composizione	הרכב
Creatività	יצירתיות
Film	סרט
Gesso	גיר
Matita	עיפרון
Penna	עט
Pittura	ציור
Prospettiva	פרספקטיבה
Ritratto	דיוקן
Stampino	סטנסיל
Vernice	לכה

Astronomia
אסטרונומיה

Asteroide	אסטרואיד
Astronauta	אסטרונאוט
Astronomo	אסטרונום
Cielo	רקיע
Cosmo	קוסמוס
Costellazione	קבוצת כוכבים
Equinozio	שוויון
Galassia	גלקסיה
Luna	ירח
Meteora	מטאור
Nebulosa	ערפילית
Osservatorio	מצפה
Pianeta	כוכב לכת
Radiazione	קרינה
Razzo	רקטה
Supernova	סופרנובה
Telescopio	טלסקופ
Terra	כדור הארץ
Universo	יקום
Zodiaco	גלגל המזלות

Attività
פעילויות

Abilità	מיומנות
Arte	אמנות
Artigianato	מלאכת יד
Attività	פעילות
Caccia	ציד
Campeggio	קמפינג
Cucire	תפירה
Danza	ריקוד
Escursioni	טיולים
Fotografia	צילום
Giardinaggio	גינון
Giochi	משחקים
Interessi	אינטרסים
Lettura	קריאה
Magia	קסם
Pesca	דיג
Piacere	תענוג
Puzzle	חידות
Rilassamento	הרפיה
Tempo Libero	פנאי

Attività e Tempo Libero
יאנפו תויוליעפ

Arte	תונמא
Baseball	לובסייב
Basket	לסרודכ
Boxe	ףורגיא
Calcio	לגרודכ
Campeggio	גניפמק
Escursioni	םיליוט
Giardinaggio	ןוניג
Golf	ףלוג
Hobby	סיבביתח
Immersione	הלילצ
Nuoto	הייחש
Pallavolo	ףערודכ
Pesca	גיד
Pittura	רויצ
Rilassante	עוגרמ
Shopping	תוינק
Surf	השילג
Tennis	סינט
Viaggio	תועיסנ

Avventura
הקתפרה

Amici	םירבח
Attività	תוליעפ
Bellezza	יפוי
Caso	יוכיס
Coraggio	ץמוא
Destinazione	דעי
Difficoltà	ישוק
Escursione	לויט
Gioia	החמש
Insolito	ןפוד אצוי
Itinerario	לולסמ
Natura	עבט
Navigazione	טווינ
Nuovo	שדח
Opportunità	תונמדזה
Pericoloso	ןכוסמ
Preparazione	הנכה
Sfide	םירגתא
Sicurezza	תוחיטב
Sorprendente	עיתפמ

Bagno
היטבמא רדח

Acqua	םימ
Asciugamano	תבגמ
Bagno	היטבמא
Bolle	תועוב
Doccia	תחלקמ
Forbici	םייירפסמ
Gabinetto	םיתוריש
Lozione	םרק
Profumo	םשוב
Rubinetto	זרב
Sapone	ןובס
Shampoo	ופמש
Specchio	הארמ
Spugna	גופס
Tappeto	חיטש
Vapore	רוטיק

Balletto
טלב

Abilità	תונמוימ
Artistico	יתונמא
Assolo	ולוס
Ballerini	םינדקר
Compositore	ןיחלמ
Coreografia	היפרגואירוכ
Espressivo	עיבמ
Gesto	הווחמ
Grazioso	ןינח
Intensità	תמצוע
Lezioni	םירועיש
Muscoli	םירירש
Musica	הקיזומ
Orchestra	תרומזת
Pratica	לוגרת
Prova	הרזח
Pubblico	להק
Ritmo	בצק
Stile	ןונגס
Tecnica	הקינכט

Barbecue
ויקיברב

Caldo	םח
Cena	ברע תחורא
Cibo	ןוזמ
Cipolle	לצב
Coltelli	םיניכס
Estate	ץיק
Fame	בער
Famiglia	החפשמ
Frutta	תוריפ
Giochi	םיקחשמ
Griglia	לירג
Insalate	םיטלס
Invito	הנמזה
Musica	הקיזומ
Pepe	לפלפ
Pollo	ףוע
Pomodori	תוינבגע
Pranzo	םיירהצ תחורא
Sale	חלמ
Salsa	בטור

Campeggio
תואנחמ

Alberi	םיצע
Amaca	לסרע
Animali	תויח
Avventura	הקתפרה
Bussola	ןפצמ
Cabina	את
Caccia	דיצ
Canoa	קאנו
Cappello	עבוכ
Corda	לבח
Divertimento	ףיכ
Foresta	רעי
Fuoco	שא
Insetto	קרח
Lago	םגא
Luna	חרי
Mappa	הפמ
Montagna	רה
Natura	עבט
Tenda	להוא

Campionato
תופילא

Allenatore	ןמאמ
Campionato	תופילא
Campione	ןולא
Finalista	רמגל
Giochi	םיקחשמ
Giudice	טפוש
Lega	הגיל
Medaglia	הילדמ
Motivazione	היצביטומ
Prestazione	םיעוציב
Resistenza	תלוביס
Sportivo	טרופס
Squadra	תווצ
Strategia	היגטרטסא
Sudore	העיז
Torneo	רינרוט
Vittoria	ןוחצינ

Casa
תיב

Attico	גג תיילע
Biblioteca	הירפס
Camera	רדח
Camino	חא
Cucina	חבטמ
Doccia	תחלקמ
Finestra	ןולח
Garage	ךסומ
Giardino	גנ
Lampada	הרונמ
Parete	ריק
Pavimento	הפצר
Porta	תלד
Recinto	רדג
Rubinetto	זרב
Scopa	אטאטמ
Soffitto	הרקת
Specchio	הארמ
Tappeto	חיטש
Tetto	גג

Castelli
תוריט

Armatura	ןוירש
Catapulta	עטעמ
Cavaliere	ריבא
Cavallo	סוס
Corona	רתכ
Dinastia	תלשוש
Drago	ןוקרד
Dungeon	ץוניק
Feudale	לדואיפ
Impero	הירפמיא
Nobile	ליצא
Palazzo	ןומרא
Parete	ריק
Principe	ךיסנ
Principessa	הכיסנ
Regno	הכלממ
Scudo	ןגמ
Spada	ברח
Torre	לדגמ

Cibo #1
#1 ןוזמ

Aglio	םוש
Basilico	ןחיר
Cannella	ןומניק
Carne	רשב
Carota	רזג
Cipolla	לצב
Fragola	הדש תות
Insalata	טלס
Latte	בלח
Limone	ןומיל
Menta	הטנמ
Orzo	הרועש
Pera	סגא
Rapa	תפל
Sale	חלמ
Spinaci	תרד
Succo	ץימ
Tonno	הנוט
Torta	הגוע
Zucchero	רכוס

Cibo #2
#2 ןוזמ

Banana	הננב
Broccolo	ילוקורב
Ciliegia	ןבדבוד
Cioccolato	דלוקוש
Formaggio	הניבג
Fungo	הייטפ
Grano	הטיח
Kiwi	יוויק
Mela	חופת
Melanzana	ליצח
Pane	םחל
Pesce	גד
Pollo	ףוע
Pomodoro	הינבגע
Prosciutto	םח
Riso	זרוא
Sedano	ירלס
Uovo	הציב
Uva	ןפג
Yogurt	טרוגוי

Cioccolato
דלוקוש

Amaro	רירמ
Antiossidante	ןוצמח דגונ
Arachidi	םינטוב
Brama	הקותשה
Cacao	ואקק
Calorie	תוירולק
Caramella	קתממ
Caramello	למרק
Delizioso	םיעט
Dolce	קותמ
Esotico	יטוזקא
Gusto	םעט
Ingrediente	ביכרמ
Mangiare	לוכאל
Noce di Cocco	סוקוק
Polvere	הקבא
Preferito	בוהא
Qualità	תוכיא
Ricetta	ןוכתמ
Zucchero	רכוס

Circo

סקרק

Acrobata	טבורקא
Animali	תויח
Caramella	קתממ
Clown	ןציל
Costume	תשופחת
Elefante	ליפ
Giocoliere	ןטוטהל
Leone	הירא
Magia	םסק
Mostrare	העפוה
Musica	הקיזומ
Palloncini	םינולב
Parata	דעצמ
Scimmia	ףוק
Spettatore	הפוצ
Tenda	להוא
Tigre	רמנ
Trucco	קירט

Città

ריעה

Aeroporto	הפועת הדש
Banca	קנב
Biblioteca	הירפס
Cinema	עונלוק
Clinica	האפרמ
Farmacia	תחקרמ תיב
Fiorista	םיחרפ
Galleria	הירלג
Hotel	ןולמ
Libreria	םירפס תונח
Mercato	קוש
Museo	ןואיזומ
Negozio	תונח
Panetteria	הייפאמ
Scuola	רפס תיב
Stadio	ןוידטצא
Supermercato	טקרמרפוס
Teatro	ןורטאית
Università	הטיסרבינוא
Zoo	תויח ןג

Colori

םיעבצ

Arancia	םותכ
Azzurro	תלכת
Beige	'זב
Bianco	ןבל
Blu	לוחכ
Fucsia	היסקופ
Giallo	בוהצ
Grigio	רופא
Magenta	ןמגרא
Marrone	םוח
Nero	רוחש
Rosa	דורו
Rosso	םודא
Seppia	היפס
Verde	קורי
Viola	לוגס

Compleanno

תדלוה םוי

Amici	םירבח
Anno	הנש
Calendario	הנש חול
Candele	תורנ
Canzone	ריש
Carte	םיסיטרכ
Celebrazione	הגיגח
Divertimento	ףיכ
Felice	חמש
Giorno	םוי
Giovane	ריעצ
Grande	לודג
Inviti	תונמזה
Nato	דלונ
Regalo	הנתמ
Ricordi	תונורכיז
Saggezza	המכוח
Speciale	דחוימ
Tempo	ןמז
Torta	הגוע

Corpo Umano

םדאה ףוג

Bocca	הפ
Caviglia	לוסרק
Cervello	חומ
Collo	ראווצ
Cuore	בל
Dito	עבצא
Faccia	םינפ
Gamba	לגר
Ginocchio	ךרב
Gomito	קפרמ
Mano	די
Mento	רטנס
Naso	ףא
Occhio	ןיע
Orecchio	ןזוא
Pelle	רוע
Sangue	םד
Spalla	ףתכ
Stomaco	הביק
Testa	שאר

Cucina

חבטמ

Bacchette	הליכא תולקמ
Bollitore	םוקמוק
Brocca	דכ
Cibo	ןוזמ
Ciotola	הרעק
Coltelli	םיניכס
Congelatore	איפקמ
Cucchiai	תויפכ
Forchette	תוגלזמ
Forno	רונת
Frigorifero	ררקמ
Grembiule	רניס
Griglia	לירג
Mestolo	תקצמ
Ricetta	ןוכתמ
Spezie	םינילבת
Spugna	גופס
Tazze	תוסוכ
Tovagliolo	תיפמ
Vaso	תנצנצ

Danza
ריקוד

Accademia	אקדמיה
Arte	אמנות
Classico	קלאסי
Compagno	בת זוג
Coreografia	כוריאוגרפיה
Corpo	גוף
Cultura	תרבות
Emozione	רגש
Espressivo	מביע
Gioioso	שמח
Movimento	תנועה
Musica	מוזיקה
Postura	יציבה
Prova	חזרה
Ritmo	קצב
Tradizionale	מסורתי
Visivo	חזותי

Dinosauri
דינוזאורים

Ali	כנפיים
Coda	זנב
Enorme	עצום
Erbivoro	אוכל עשב
Evoluzione	אבולוציה
Fossili	מאובנים
Grande	גדול
Mammut	ממותה
Potente	חזק
Preda	טרף
Preistorico	פרהיסטורי
Rettile	זוחל
Scomparsa	היעלמות
Specie	מינים
Taglia	גודל
Terra	כדור הארץ
Vizioso	מרושע

Discipline Scientifiche
דיסציפלינות מדעיות

Anatomia	אנטומיה
Archeologia	ארכאולוגיה
Astronomia	אסטרונומיה
Biochimica	ביוכימיה
Biologia	ביולוגיה
Botanica	בוטניקה
Chimica	כימיה
Ecologia	אקולוגיה
Fisiologia	פיזיולוגיה
Geologia	גיאולוגיה
Immunologia	אימונולוגיה
Linguistica	בלשנות
Meccanica	מכניקה
Meteorologia	מטאורולוגיה
Mineralogia	מינרלוגיה
Neurologia	נוירולוגיה
Psicologia	פסיכולוגיה
Sociologia	סוציולוגיה
Termodinamica	תרמודינמיקה
Zoologia	זואולוגיה

Ecologia
אקולוגיה

Clima	אקלים
Comunità	קהילות
Diversità	גיוון
Fauna	חיה
Marino	ימי
Montagne	הרים
Natura	טבע
Naturale	טבעי
Palude	מרש
Piante	צמחים
Risorse	משאבים
Siccità	בצורת
Sopravvivenza	הישרדות
Sostenibile	בר קיימא
Specie	מינים
Varietà	מגוון
Vegetazione	צמחייה
Volontari	מתנדבים

Edifici
בניינים

Ambasciata	שגרירות
Appartamento	דירה
Cabina	תא
Castello	טירה
Cinema	קולנוע
Fabbrica	מפעל
Fienile	אסם
Hotel	מלון
Laboratorio	מעבדה
Museo	מוזיאון
Ospedale	בית חולים
Osservatorio	מצפה
Ostello	אוסטל
Scuola	בית ספר
Stadio	אצטדיון
Supermercato	סופרמרקט
Teatro	תיאטרון
Tenda	אוהל
Torre	מגדל
Università	אוניברסיטה

Emozioni
רגשות

Amore	אהבה
Beatitudine	אושר
Calma	רוגע
Contenuto	תוכן
Eccitato	נרגש
Gentilezza	חסד
Gioia	שמחה
Grato	אסיר תודה
Imbarazzato	נבוך
Noia	שעמום
Pace	שלום
Paura	פחד
Rabbia	כעס
Simpatia	אהדה
Soddisfatto	מרוצה
Sorpresa	הפתעה
Tenerezza	רוך
Tranquillità	שלווה
Tristezza	עצב

Erboristeria

אפרם יחמצ

Aglio	שום
Aneto	שמיר
Aromatico	ארומטי
Basilico	ריחן
Culinario	קולינרי
Dragoncello	טרגון
Finocchio	שמר
Fiore	פרח
Giardino	גן
Ingrediente	מרכיב
Lavanda	לבנדר
Maggiorana	מיורן
Menta	נענה
Origano	אורגנו
Prezzemolo	פטרוזיליה
Qualità	איכות
Rosmarino	רוזמרין
Timo	טימין
Verde	ירוק
Zafferano	זעפרן

Escursionismo

טיולים רגליים

Acqua	מים
Animali	חיות
Campeggio	קמפינג
Clima	אקלים
Guide	מדריכים
Mappa	מפה
Montagna	הר
Natura	טבע
Orientamento	ניווט
Parchi	פארקים
Pericoli	סכנות
Pesante	כבד
Pietre	אבנים
Preparazione	הכנה
Scogliera	צוק
Selvaggio	פרא
Sole	שמש
Stanco	עייף
Stivali	מגפיים
Vertice	פסגה

Esplorazione

חקר

Animali	חיות
Attività	פעילות
Coraggio	אומץ
Culture	תרבויות
Determinazione	נחישות
Eccitazione	התרגשות
Esaurimento	תשישות
Lingua	שפה
Nuovo	חדש
Per Imparare	ללמוד
Pericoli	סכנות
Pericoloso	מסוכן
Sconosciuto	לא ידוע
Scoperta	גילוי
Selvaggio	פרא
Viaggio	נסיעות

Estate

קיץ

Amici	חברים
Campeggio	קמפינג
Cibo	מזון
Famiglia	משפחה
Giardino	גן
Giochi	משחקים
Gioia	שמחה
Immersione	צלילה
Libri	ספרים
Mare	ים
Musica	מוזיקה
Nuotare	לשחות
Rilassamento	הרפיה
Sandali	סנדלים
Spiaggia	חוף
Stelle	כוכבים
Tempo Libero	פנאי
Vacanza	חופשה
Viaggio	נסיעות

Famiglia

חדר משפחתי

Antenato	אב קדמון
Bambini	ילדים
Bambino	ילד
Cugino	בן דוד
Figlia	בת
Fratello	אח
Infanzia	ילדות
Madre	אימא
Marito	בעל
Materno	אימהי
Moglie	אשה
Nipote	אחיין
Nipote	נכד
Nonna	סבתא
Nonno	סבא
Padre	אבא
Paterno	אבהי
Sorella	אחות
Zia	דודה
Zio	דוד

Fantascienza

מדע בדיוני

Atomico	אטומי
Cinema	קולנוע
Distopia	דיסטופיה
Esplosione	פיצוץ
Estremo	קיצוני
Fantastico	פנטסטי
Fuoco	אש
Futuristico	עתידני
Galassia	גלקסיה
Illusione	אשליה
Immaginario	דמיוני
Libri	ספרים
Misterioso	מסתורי
Mondo	עולם
Oracolo	אורקל
Pianeta	כוכב לכת
Robot	רובוטים
Scenario	תרחיש
Tecnologia	טכנולוגיה
Utopia	אוטופיה

Fattoria #1

Acqua	מים
Agricoltura	חקלאות
Ape	דבורה
Asino	חמור
Campo	שדה
Cane	כלב
Capra	עז
Cavallo	סוס
Fertilizzante	דשן
Fieno	חציר
Gatto	חתול
Gregge	צאן
Maiale	חזיר
Miele	דבש
Mucca	פרה
Pollo	עוף
Recinto	גדר
Riso	אורז
Semi	זרעים
Vitello	עגל

Fattoria #2
קשמ #2

Agnello	טלה
Agricoltore	איכר
Alveare	כוורת
Anatra	ברווז
Animali	חיות
Cibo	מזון
Crescere	לגדול
Fienile	אסם
Frutta	פירות
Grano	חיטה
Irrigazione	השקיה
Lama	לאמה
Latte	חלב
Mais	תירס
Oche	אווזים
Orzo	שעורה
Pecora	כבשים
Prato	אחו
Trattore	טרקטור
Verdura	ירק

Fiori
פרחים

Dente di Leone	שן הארי
Gardenia	גרדניה
Gelsomino	יסמין
Giglio	שושן
Girasole	חמנית
Ibisco	היביסקוס
Lavanda	לבנדר
Lilla	לילך
Magnolia	מגנוליה
Margherita	דייזי
Mazzo	זר
Narciso	נרקיס
Orchidea	סחלב
Papavero	פרג
Passiflora	פסיפלורה
Peonia	אדמונית
Petalo	עלי כותרת
Rosa	ורד
Trifoglio	תלתן
Tulipano	צבעוני

Foresta Pluviale
יערות גשם

Anfibi	דו-חיים
Botanico	בוטני
Clima	אקלים
Comunità	קהילה
Diversità	גיוון
Giungla	ג'ונגל
Indigeno	ילידי
Insetti	חרקים
Mammiferi	יונקים
Muschio	טחב
Natura	טבע
Nuvole	עננים
Preservazione	שימור
Prezioso	יקר
Restauro	שחזור
Rifugio	מקלט
Rispetto	כבוד
Sopravvivenza	הישרדות
Specie	מינים
Uccelli	ציפורים

Forme
צורות

Angolo	פינה
Arco	קשת
Bordi	קצוות
Cerchio	מעגל
Cilindro	גליל
Cono	חרוט
Cubo	קובייה
Curva	עקומה
Ellisse	אליפסה
Iperbole	היפרבולה
Lato	צד
Linea	קו
Ovale	סגלגל
Piramide	פירמידה
Poligono	מצולע
Prisma	פריזמה
Quadrato	ריבוע
Rettangolo	מלבן
Triangolo	משולש

Forniture Artistiche
ציוד אמנות

Acqua	מים
Acquerelli	צבעי מים
Acrilico	אקריליק
Argilla	חרס
Carbone	פחם
Carta	נייר
Cavalletto	כן ציור
Colla	דבק
Colori	צבעים
Creatività	יצירתיות
Gomma	מחק
Idee	רעיונות
Inchiostro	דיו
Matite	עפרונות
Olio	שמן
Pastelli	פסטלים
Sedia	כיסא
Spazzole	מברשות
Tavolo	שולחן
Telecamera	מצלמה

Frutta
תוריפ

Albicocca	שמשמ
Ananas	סננא
Arancia	םותכ
Avocado	ודקובא
Bacca	ירב
Banana	הננב
Ciliegia	ןבדבוד
Fico	הנאת
Kiwi	יוויק
Lampone	לטפ
Limone	ןומיל
Mango	וגנמ
Mela	חופת
Melone	ןולמ
Nettarina	הנירטקנ
Papaia	היאפפ
Pera	סגא
Pesca	קסרפא
Prugna	ףיזש
Uva	ןפג

Gatti
םילותח

Affettuoso	הביח
Cacciatore	דייצ
Coda	בנז
Curioso	ןרקס
Divertente	קיחצמ
Dormire	הניש
Filo	טוח
Indipendente	יאמצע
Pazzo	עגושמ
Pelliccia	הוורפ
Personalità	תושיא
Poco	ןטק
Selvaggio	יארפ
Timido	ןשייב
Topo	רבכע
Zampa	הפכ

Gentilezza
דסח

Affettuoso	הביח
Affidabile	ןימא
Amichevole	יתודידי
Amorevole	בוהאל
Attento	בושק
Compassionevol e	םוחר
Comprensione	הנבה
Dolce	ןידע
Felice	חמש
Generoso	בידנ
Genuino	ירוקמ
Onesto	הנכ
Ospitale	םינפ רירבסמ
Paziente	ינלבס
Ricettivo	חותפ
Rispettoso	דובכ
Tollerante	ינלבוס
Utile	ליעומ

Geografia
היפרגואג

Altitudine	הבוג
Atlante	סלטא
Città	ריע
Continente	תשבי
Emisfero	הרפסימה
Fiume	רהנ
Isola	יא
Latitudine	בחור וק
Longitudine	ךרוא
Mappa	הפמ
Mare	םי
Meridiano	ןאידירמ
Mondo	םלוע
Montagna	רה
Nord	ןופצ
Ovest	ברעמ
Paese	הנידמ
Regione	רוזא
Sud	םורד
Territorio	חטש

Geologia
היגולואיג

Acido	הצמוח
Altopiano	המר
Calcio	ןדיס
Caverna	הרעמ
Continente	תשבי
Corallo	גומלא
Cristalli	םישיבג
Erosione	הקיחש
Fossile	ןבואמ
Geyser	רזייג
Lava	הבל
Minerali	םילרנימ
Pietra	ןבא
Quarzo	ץרווק
Sale	חלמ
Stalattite	ףיטנ
Strato	הבכש
Terremoto	המדא תדיער
Vulcano	שעג רה
Zona	רוזא

Giardino
ןג

Albero	ץע
Amaca	לסרע
Cespuglio	שוב
Erba	אשד
Erbacce	םיטוש םיבשע
Fiore	חרפ
Garage	ךסומ
Giardino	ןג
Pala	הריפח תא
Panca	לספס
Portico	תספרמה
Rastrello	הפרגמ
Recinto	רדג
Rocce	םיעלס
Stagno	הכירב
Suolo	המדא
Terrazza	הסרט
Trampolino	הנילופמרט
Tubo	רוניצ
Vite	ןפג

Giocattoli
צעצועים

Aereo	מטוס
Aquilone	עפיפון
Argilla	חרס
Artigianato	מלאכת די
Auto	מכונית
Bambola	בובה
Barca	סירה
Batteria	סוללה
Bicicletta	אופניים
Camion	משאית
Giochi	משחקים
Immaginazione	דמיון
Libri	ספרים
Palla	כדור
Preferito	אהוב
Robot	רובוט
Scacchi	שחמט
Treno	רכבת
Vernici	צבעים

Giorni e Mesi
ימים וחודשים

Agosto	אוגוסט
Anno	שנה
Aprile	אפריל
Calendario	לוח שנה
Dicembre	דצמבר
Domenica	יום ראשון
Febbraio	פברואר
Gennaio	ינואר
Giugno	יוני
Luglio	יולי
Lunedì	יום שני
Martedì	יום שלישי
Mercoledì	יום רביעי
Mese	חודש
Novembre	נובמבר
Ottobre	אוקטובר
Sabato	יום שבת
Settembre	ספטמבר
Settimana	שבוע
Venerdì	יום שישי

Guida
הגירה

Attenzione	זהירות
Auto	מכונית
Autobus	אוטובוס
Carburante	דלק
Freni	בלמים
Garage	מוסך
Gas	גז
Incidente	תאונה
Licenza	רישיון
Mappa	מפה
Moto	אופנוע
Motore	מנוע
Pedonale	הולכי רגל
Pericolo	סכנה
Polizia	משטרה
Sicurezza	בטיחות
Traffico	תנועה
Trasporto	תחבורה
Tunnel	מנהרה
Velocità	מהירות

Imbarcazioni
סירות

Albero	תורן
Ancora	עוגן
Barca a Vela	מפרשית
Boa	מצוף
Canoa	קאנו
Corda	חבל
Equipaggio	צוות
Fiume	נהר
Kayak	קיאק
Lago	אגם
Mare	ים
Marea	גאות
Marinaio	מלח
Motore	מנוע
Nautico	ימי
Oceano	אוקיינוס
Onde	גלים
Traghetto	מעבורת
Yacht	יאכטה
Zattera	רפסודה

Insetti
חרקים

Afide	כנימה
Ape	דבורה
Cavalletta	חגב
Cicala	צרצר
Coccinella	פרת משה רבנו
Coleottero	חיפושית
Falena	עש
Farfalla	פרפר
Formica	נמלה
Larva	זחל
Libellula	שפירית
Locusta	ארבה
Mantide	גמל שלמה
Pulce	פרעוש
Scarafaggio	מקק
Termite	טרמיט
Verme	תולעת
Vespa	צרעה
Zanzara	יתוש

Letteratura
ספרות

Analisi	ניתוח
Analogia	אנלוגיה
Aneddoto	אנקדוטה
Autore	מחבר
Biografia	ביוגרפיה
Conclusione	סיכום
Confronto	השוואה
Descrizione	תיאור
Dialogo	דיאלוג
Genere	ז'אנר
Metafora	מטפורה
Opinione	דעה
Poesia	שיר
Poetico	פואטי
Rima	חרוז
Ritmo	קצב
Romanzo	רומן
Stile	סגנון
Tema	ערכת נושא
Tragedia	טרגדיה

Libri
םירפס

Autore	רבחמ
Avventura	הקתפרה
Collezione	ףסוא
Contesto	רשקה
Dualità	תוילאוד
Epico	יפא
Inventivo	האצמה
Letterario	תיתורפס
Lettore	ארוק
Narratore	ןיירק
Pagina	ףד
Poesia	הריש
Rilevante	יטנוולר
Romanzo	ןמור
Scritto	בתכנ
Serie	הרדס
Storia	רופיס
Storico	ירוטסיה
Tragico	יגרט
Umoristico	יטסירומוה

Mammiferi
םיקנוי

Balena	ןתיוול
Cane	בלכ
Canguro	ורוגנק
Cavallo	סוס
Cervo	יבצ
Coniglio	בנרא
Coyote	תוברע באז
Delfino	ןיפלוד
Elefante	ליפ
Gatto	לותח
Giraffa	הפריג'
Gorilla	הלירוג
Leone	הירא
Lupo	באז
Orso	בוד
Pecora	םישבכ
Scimmia	ףוק
Toro	רוש
Volpe	לעוש
Zebra	הרבז

Matematica
הקיטמתמ

Angoli	תויווז
Aritmetica	ןובשח
Decimale	ינורשע
Diametro	רטוק
Equazione	האוושמ
Esponente	ןירעמ
Frazione	רבש
Geometria	הירטמואג
Gradi	תולעמ
Numeri	םירפסמ
Parallelo	ליבקמ
Parallelogramma	תיליבקמ
Perimetro	ףקיה
Poligono	עלוצמ
Quadrato	רכיכ
Rettangolo	ןבלמ
Simmetria	הירטמיס
Somma	םוכס
Triangolo	שלושמ
Volume	חפנ

Meditazione
היצטידמ

Abitudini	םילגרה
Accettazione	הלבק
Calma	עוגר
Chiarezza	תוריהב
Compassione	הלמח
Emozioni	תושגר
Felicità	רשוא
Gentilezza	דסח
Gratitudine	הדות תרכה
Mentale	שפנ
Mente	חומ
Movimento	העונת
Musica	הקיזומ
Natura	עבט
Pace	םולש
Pensieri	תובשחמ
Postura	הביצי
Prospettiva	הביטקפסרפ
Silenzio	הקיתש
Sveglio	רע

Meteo
ריווא גזמ

Arcobaleno	תשק
Asciutto	שבי
Atmosfera	הריווא
Brezza	רוח.
Cielo	עיקר
Clima	םילקא
Fulmine	קרב
Ghiaccio	חרק
Monsone	ןוסנומ
Nebbia	לפרע
Nube	ןנע
Polare	בטוקה
Siccità	תרוצב
Temperatura	הרוטרפמט
Tempesta	הרעס
Tornado	ודנרוט
Tropicale	יפורט
Tuono	םער
Uragano	ןקירוה
Vento	חור

Misurazioni
תודידמ

Altezza	הבוג
Byte	תיב
Centimetro	רטמיטנס
Chilogrammo	םרגוליק
Chilometro	רטמוליק
Decimale	ינורשע
Grado	תואר
Grammo	םרג
Larghezza	בחור
Litro	רטיל
Lunghezza	ךרוא
Massa	הסמ
Metro	רטמ
Minuto	הקד
Oncia	תייקנוא
Peso	לקשמ
Pollice	ץניא
Profondità	קמוע
Tonnellata	ןוט
Volume	חפנ

Mitologia
מיתולוגיה

Archetipo	אבטיפוס
Comportamento	התנהגות
Creatura	יצור
Creazione	יצירה
Cultura	תרבות
Disastro	אסון
Divinità	אלים
Eroe	גיבור
Forza	כוח
Fulmine	ברק
Gelosia	קנאה
Guerriero	לוחם
Immortalità	נ.צ.ח
Labirinto	מבוך
Leggenda	אגדה
Magico	קסום
Mortale	בן תמותה
Mostro	מפלצת
Tuono	רעם
Vendetta	נקמה

Natura
טבע

Animali	חיות
Api	דבורים
Artico	ארקטי
Bellezza	יופי
Deserto	מדבר
Dinamico	דינמי
Erosione	שחיקה
Fiume	נהר
Fogliame	ע.ל.י.
Foresta	יער
Ghiacciaio	קרחון
Montagne	הרים
Nebbia	ערפל
Nuvole	עננים
Santuario	מקלט
Scogliere	צוקים
Selvaggio	פראי
Sereno	שלווה
Tropicale	טרופי
Vitale	חיוני

Numeri
מספרים

Cinque	חמש
Decimale	עשרוני
Diciannove	תשע עשרה
Diciassette	שבע עשרה
Diciotto	שמונה עשר
Dieci	עשר
Dodici	שנים עשר
Due	שתיים
Nove	תשע
Otto	שמונה
Quattordici	ארבע עשרה
Quattro	ארבע
Quindici	חמש עשרה
Sedici	שש עשרה
Sei	שש
Sette	שבע
Tre	שלוש
Tredici	שלוש עשרה
Venti	עשרים
Zero	אפס

Nutrizione
תזונה

Amaro	מריר
Appetito	תיאבון
Bilanciato	מאוזן
Calorie	קלוריות
Carboidrati	פחמימות
Commestibile	אכיל
Dieta	דיאטה
Digestione	עיכול
Fermentazione	תסיסה
Liquidi	נוזלים
Nutriente	מזין
Peso	משקל
Proteine	חלבונים
Qualità	איכות
Salsa	רוטב
Salute	בריאות
Sano	בריא
Spezie	תבלינים
Tossina	רעל
Vitamina	ויטמין

Oceano
אוקיינוס

Anguilla	צלופח
Balena	לוויתן
Barca	סירה
Corallo	אלמוג
Delfino	דולפין
Gamberetto	שרימפס
Granchio	סרטן
Maree	גאות ושפל
Medusa	מדוזה
Onde	גלים
Ostrica	צדפה
Pesce	דג
Polpo	תמנון
Sale	מלח
Scogliera	שונית
Spugna	ספוג
Squalo	כריש
Tartaruga	צב
Tempesta	סערה
Tonno	טונה

Paesaggi
נופים

Cascata	מפל
Collina	גבעה
Deserto	מדבר
Dune	דיונות
Fiume	נהר
Geyser	גייזר
Ghiacciaio	קרחון
Grotta	מערה
Isola	אי
Lago	אגם
Mare	ים
Montagna	הר
Oasi	אואזיס
Oceano	אוקיינוס
Palude	ביצה
Penisola	חצי אי
Spiaggia	חוף
Tundra	טונדרה
Valle	עמק
Vulcano	הר געש

Paesi #2
מדינות #2

Albania	אלבניה
Danimarca	דנמרק
Etiopia	אתיופיה
Giamaica	ג'מייקה
Giappone	יפן
Grecia	יוון
Haiti	האיטי
Indonesia	אינדונזיה
Irlanda	אירלנד
Laos	לאוס
Liberia	ליבריה
Messico	מקסיקו
Nepal	נפאל
Nigeria	ניגריה
Pakistan	פקיסטן
Russia	רוסיה
Siria	סוריה
Sudan	סודן
Ucraina	אוקראינה
Uganda	אוגנדה

Pesca
דיג

Acqua	מים
Attrezzatura	ציוד
Barca	סירה
Branchie	זימים
Cesto	סל
Esagerazione	הגזמה
Esca	פיתיון
Filo	חוט
Fiume	נהר
Gancio	וו
Lago	אגם
Mascella	לסת
Oceano	אוקיינוס
Pazienza	סבלנות
Peso	משקל
Pinne	סנפירים
Spiaggia	חוף
Stagione	עונה

Piante
צמחים

Albero	עץ
Bacca	ברי
Bambù	במבוק
Botanica	בוטניקה
Cactus	קקטוס
Cespuglio	בוש
Crescere	לגדול
Edera	קיסוס
Erba	דשא
Fagiolo	שעועית
Fertilizzante	דשן
Fiore	פרח
Foglia	עלה
Fogliame	ע.ל.י.ם
Foresta	יער
Giardino	גן
Muschio	טחב
Petalo	עלי כותרת
Radice	שרש
Vegetazione	צמחייה

Pirati
פיראטים

Ancora	עוגן
Avventura	הרפתקה
Bandiera	דגל
Bussola	מצפן
Capitano	קפטן
Cattivo	רע
Cicatrice	צלקת
Equipaggio	צוות
Grotta	מערה
Isola	אי
Leggenda	אגדה
Mappa	מפה
Monete	מטבעות
Oro	זהב
Pappagallo	תוכי
Pericolo	סכנה
Rum	רום
Spada	חרב
Spiaggia	חוף
Tesoro	אוצר

Professioni #1
מקצועות #1

Allenatore	מאמן
Ambasciatore	שגריר
Artista	אמן
Astronomo	אסטרונום
Avvocato	עורך דין
Ballerino	רקדן
Banchiere	בנקאי
Cacciatore	צייד
Cartografo	קרטוגרף
Editore	עורך
Farmacista	רוקח
Geologo	גיאולוג
Gioielliere	תכשיטן
Idraulico	שרברב
Infermiera	אחות
Musicista	מוזיקאי
Pianista	פסנתרן
Psicologo	פסיכולוג
Scienziato	מדען
Veterinario	וטרינר

Professioni #2
מקצועות #2

Astronauta	אסטרונאוט
Bibliotecario	ספרנית
Biologo	ביולוג
Chirurgo	מנתח
Dentista	רופא שיניים
Detective	בלש
Filosofo	פילוסוף
Fotografo	צלם
Giardiniere	גנן
Giornalista	עיתונאי
Illustratore	מאייר
Ingegnere	מהנדס
Insegnante	מורה
Inventore	ממציא
Linguista	בלשן
Medico	רופא
Pilota	טייס
Pittore	צייר
Ricercatore	חוקר
Zoologo	זואולוג

Riempire
יולימל

Bacino	גא
Barile	חבית
Borsa	קית
Bottiglia	קובקב
Busta	הפטעמ
Cartella	היקית
Cartone	ןוטרק
Cassa	זגרא
Cassetto	הריגמ
Cesto	לס
Scatola	הבית
Secchio	ילד
Tasca	סיכ
Tubo	רוניצ
Valigia	הדוזמ
Vaso	לטרגא
Vassoio	שגמ

Ristorante #1
מסעדה #1

Allergia	היגרלא
Caffè	הפק
Cameriera	תירצלמ
Carne	רשב
Cassiere	תיאפוק
Cibo	ןוזמ
Ciotola	הרעק
Coltello	ןיכס
Cucina	חבטמ
Dessert	חוניק
Ingredienti	םיביכרמ
Mangiare	לוכאל
Menù	טירפת
Pane	םחל
Piatto	תחלצ
Piccante	ףירח
Pollo	ףוע
Prenotazione	הנמזה
Salsa	בטור
Tovagliolo	תיפמ

Ristorante #2
מסעדה #2

Acqua	םימ
Aperitivo	ןבאתמ
Cameriere	רצלמ
Cena	ברע תחורא
Cucchiaio	ףכ
Delizioso	םיעט
Forchetta	גלזמ
Frutta	תוריפ
Ghiaccio	חרק
Insalata	טלס
Minestra	קרמ
Pesce	גד
Pranzo	םיירהצ תחורא
Sale	חלמ
Sedia	אסיכ
Spezie	םינילבת
Torta	הגוע
Uova	םיציב
Verdure	תוקרי

Scacchi
שחמט

Avversario	בירי
Bianco	ןבל
Campione	ףולא
Concorso	תורחת
Diagonale	ןוסכלא
Giocatore	ןקחש
Gioco	קחשמ
Nero	רוחש
Passivo	ביספ
Per Imparare	דומלל
Punti	תודוקנ
Re	ךלמ
Regina	הכלמ
Regole	םיללכ
Sacrificio	הברקה
Sfide	םירגתא
Strategia	היגטרטסא
Tempo	ןמז
Torneo	רינרוט

Scienza
מדע

Atomo	םוטא
Chimico	ימיכ
Clima	םילקא
Dati	םינותנ
Esperimento	יוסינ
Evoluzione	היצולובא
Fatto	הדבוע
Fisica	הקיזיפ
Fossile	ןבואמ
Ipotesi	החנה
Laboratorio	הדבעמ
Metodo	הטיש
Minerali	םילרנימ
Molecole	תולוקלומ
Natura	עבט
Organismo	םזינגרוא
Particelle	םיקיקלח
Piante	םיחמצ
Scienziato	ןעדמ

Scuola #1
בית ספר #1

Alfabeto	תיבפלא
Amici	םירבח
Aula	התיכ
Biblioteca	הירפס
Carta	ריינ
Cartelle	תיקית
Divertimento	ףיכ
Esami	תוניחב
Insegnante	הרומ
Libri	םירפס
Marcatori	םינמס
Matematica	הקיטמתמ
Matita	ןורפיע
Numeri	םירפסמ
Penne	םיטע
Pranzo	םיירהצ תחורא
Quiz	ןודיח
Risposte	תובושת
Scrivere	בותכל
Sedia	אסיכ

Scuola #2
בית ספר #2

Accademico	אקדמי
Autobus	אוטובוס
Biblioteca	ספריה
Calendario	לוח שנה
Carta	נייר
Computer	מחשב
Dizionario	מילון
Educazione	חינוך
Forbici	מספריים
Giochi	משחקים
Grammatica	דקדוק
Insegnante	מורה
Letteratura	ספרות
Lettura	קריאה
Libri	ספרים
Matematica	מתמטיקה
Matita	עיפרון
Scarpe	נעליים
Scienza	מדע
Zaino	תרמיל

Spezie
תבלינים

Aglio	שום
Amaro	מריר
Anice	אניס
Cannella	קינמון
Cardamomo	הל
Cipolla	בצל
Coriandolo	כוסברה
Cumino	כמון
Curcuma	כורכום
Curry	קארי
Dolce	מתוק
Finocchio	שומר
Liquirizia	שוש
Noce Moscata	מוסקט
Paprika	פפריקה
Pepe	פלפל
Sale	מלח
Vaniglia	וניל
Zafferano	זעפרן
Zenzero	ג'ינג'ר

Spiaggia
חוף

Asciugamano	מגבת
Barca	סירה
Barca a Vela	מפרשית
Blu	כחול
Costa	חוף
Dock	עגן
Granchio	סרטן
Isola	אי
Laguna	לגונה
Mare	ים
Nuotare	לשחות
Oceano	אוקיינוס
Ombrello	מטריה
Sabbia	חול
Sandali	סנדלים
Scogliera	שונית
Sole	שמש
Vacanza	חופשה

Sport
ספורט

Allenatore	מאמן
Arbitro	שופט
Atleta	ספורטאי
Baseball	בייסבול
Basket	כדורסל
Bicicletta	אופניים
Campionato	אליפות
Ginnastica	התעמלות
Giocatore	שחקן
Gioco	משחק
Golf	גולף
Hockey	הוקי
Movimento	תנועה
Nuotare	לשחות
Squadra	צוות
Stadio	אצטדיון
Tennis	טניס
Vincitore	זוכה

Strumenti
כלים

Ascia	גרזן
Cavo	כבל
Colla	דבק
Coltello	סכין
Corda	חבל
Cucitrice	מהדק
Forbici	מספריים
Martello	פטיש
Pala	את חפירה
Pinze	צבת
Rasoio	תער
Righello	סרגל
Ruota	גלגל
Scala	סולם
Torcia	לפיד
Vite	בורג

Strumenti Musicali
כלי נגינה

Armonica	מפוחית
Arpa	נבל
Bacchette	מקלות תיפוף
Banjo	בנג'ו
Chitarra	גיטרה
Clarinetto	קלרינט
Fagotto	בסון
Flauto	חליל
Gong	גונג
Mandolino	מנדולינה
Marimba	מרימבה
Oboe	אבוב
Pianoforte	פסנתר
Sassofono	סקסופון
Tamburello	תוף מרים
Tamburo	תוף
Tromba	חצוצרה
Trombone	טרומבון
Violino	כינור
Violoncello	צ'לו

Strumenti di Cottura
לושיב ילכ

Bollitore	סוקמוק
Colino	תננסמ
Coltello	ןיכס
Coperchio	הסכמ
Cucchiaio	ףכ
Forbici	םיירפסמ
Forchetta	גלזמ
Forno	רונת
Frigorifero	ררקמ
Frullatore	רדנלב
Grattugia	הדיפומ
Posate	םוכס
Spatola	תירמ
Spremiagrumi	הטחסמ
Termometro	םוחדמ
Tostapane	רטסוט

Surf
השילג

Atleta	יאטרופס
Campione	ףולא
Divertimento	ףיכ
Estremo	ינוציק
Folla	להק
Forza	חוכ
Meteo	ריווא גזמ
Nuotare	תוחשל
Oceano	סונייקוא
Onda	לג
Popolare	ירלופופ
Principiante	ליחתמ
Schiuma	ףצק
Scogliera	תינוש
Spiaggia	ףוח
Stile	ןונגס
Stomaco	הביק
Velocità	תוריהמ

Tecnologia
היגולונכט

Blog	גולב
Browser	ןפדפד
Byte	תייב
Computer	בשחמ
Cursore	ןמס
Dati	םינותנ
Digitale	ילטיגיד
File	ץבוק
Font	ןופג
Internet	טנרטניא
Messaggio	העדוה
Ricerca	רקחמ
Schermo	ךסמ
Sicurezza	ןוחטיב
Software	הנכות
Statistiche	הקיטסיטטס
Telecamera	המלצמ
Virtuale	ילאוטריו
Virus	ףיגנ

Tempo
ןמז

Anno	הנש
Annuale	יתנש
Calendario	הנש חול
Decennio	רושע
Dopo	רחאל
Futuro	דיתע
Giorno	םוי
Ieri	לומתא
Mattina	רקוב
Mese	שדוח
Mezzogiorno	םיירהצ
Minuto	הקד
Notte	הליל
Oggi	םויה
Ora	העש
Orologio	ןועש
Presto	בורקב
Prima	ינפל
Secolo	האמ
Settimana	עובש

Tipi di Capelli
רעיש יגוס

Argento	ףסכ
Asciutto	שבי
Bianco	ןבל
Biondo	ינידנולב
Breve	רצק
Calvo	חירק
Colorato	ינועבצ
Grigio	רופא
Intrecciato	עולק
Liscio	קלח
Lungo	ךורא
Marrone	םוח
Morbido	רר
Nero	רוחש
Riccio	םלותמ
Riccioli	םילתלת
Sano	אירב
Sottile	קזר
Spessore	יבוע
Trecce	תומצ

Uccelli
םירופיצ

Airone	הפנא
Anatra	זוורב
Aquila	רשנ
Cicogna	הדיסח
Cigno	רוברב
Cuculo	קוקוק
Falco	ץנ
Fenicottero	וגנימלפ
Gabbiano	ףחש
Oca	זווא
Pappagallo	יכות
Passero	רורד
Pavone	סווט
Pellicano	ןאקש
Piccione	הנוי
Pinguino	ןיווגניפ
Pollo	ףוע
Struzzo	ןמעי
Tucano	ןאקוט
Uovo	הציב

Vacanze #2
שפונ #2

Aeroporto	הפועת הדש
Campeggio	גניפמק
Destinazione	דעי
Foto	תונומת
Hotel	ןולמ
Isola	יא
Mappa	הפמ
Mare	סי
Passaporto	ןוכרד
Ristorante	הדעסמ
Spiaggia	ףוח
Straniero	רז
Taxi	תינומ
Tempo Libero	יאנפ
Tenda	להוא
Trasporto	הרובחת
Treno	תבכר
Vacanza	גח
Viaggio	עסמ
Visto	הזיו

Veicoli
בכר ילכ

Aereo	סוטמ
Ambulanza	סנלובמא
Auto	תינוכמ
Autobus	סובוטוא
Barca	הריס
Bicicletta	םיינפוא
Camion	תיאשמ
Caravan	ןאווראק
Elicottero	קוסמ
Metropolitana	תיתחת תבכר
Motore	עונמ
Pneumatici	םיגימצ
Razzo	תקר
Scooter	עונטק
Sottomarino	תללוצ
Taxi	תינומ
Traghetto	תרובעמ
Trattore	רוטקרט
Treno	תבכר
Zattera	הדוספר

Verdure
תוקרי

Aglio	םוש
Broccolo	ילוקורב
Carciofo	קושיטרא
Carota	רזג
Cetriolo	ןופפלמ
Cipolla	לצב
Fungo	הייטרפ
Insalata	טלס
Melanzana	ליצח
Patata	המדא חופת
Pisello	הנופא
Pomodoro	היינבגע
Prezzemolo	הילוזרטפ
Rapa	תפל
Ravanello	ןונצ
Scalogno	תולאש
Sedano	ירלס
Spinaci	דרת
Zenzero	ר'גני'ג
Zucca	תעלד

Vestiti
םידגב

Abito	הלמש
Braccialetto	דימצ
Calzini	םייברג
Camicia	הצלוח
Cappello	עבוכ
Cappotto	ליעמ
Cintura	הרוגח
Collana	תרשרש
Gonna	תיאצח
Grembiule	רניס
Guanti	תופפכ
Jeans	סני'ג
Maglione	רדווס
Moda	הנפוא
Pantaloni	םייסנכמ
Pantofole	תיב ילענ
Pigiama	המ'גיפ
Sandali	םילדנס
Scarpa	לענ
Sciarpa	ףיעצ

Congratulazioni

Ce l'hai fatta!

Speriamo che questo libro vi sia piaciuto tanto quanto a noi è piaciuto concepirlo. Ci sforziamo di creare libri della più alta qualità possibile.
Questa edizione è progettata per fornire un apprendimento intelligente, di qualità e divertente!

Le è piaciuto questo libro?

Una Semplice Richiesta

Questi libri esistono grazie alle recensioni che pubblicate.

Puoi aiutarci lasciando una recensione
ora a questo link ?

BestBooksActivity.com/Recensioni50

SFIDA FINALE!

Sfida n°1

Sei pronto per il tuo gioco gratuito? Li usiamo sempre, ma non sono così facili da trovare - ecco i **Sinonimi!**
Scrivi 5 parole che hai trovato nei puzzle (n° 21, n° 36, n° 76) e prova a trovare 2 sinonimi per ogni parola.

Scrivi 5 parole del *Puzzle 21*

Parole	Sinonimo 1	Sinonimo 2

Scrivi 5 parole del *Puzzle 36*

Parole	Sinonimo 1	Sinonimo 2

Scrivi 5 parole del *Puzzle 76*

Parole	Sinonimo 1	Sinonimo 2

Sfida n°2

Ora che ti sei riscaldato, scrivi 5 parole che hai trovato nei puzzle n° 9,
n° 17 e n° 25 e cerca di trovare 2 contrari per ogni parola. Quanti ne puoi
trovare in 20 minuti?

Scrivi 5 parole del **Puzzle 9**

Parole	Antonimo 1	Antonimo 2

Scrivi 5 parole del **Puzzle 17**

Parole	Antonimo 1	Antonimo 2

Scrivi 5 parole del **Puzzle 25**

Parole	Antonimo 1	Antonimo 2

Sfida n°3

Grande! Questa sfida non è niente per te!

Pronto per la sfida finale? Scegli 10 parole che hai scoperto nei diversi puzzle e scrivile qui sotto.

1.	6.
2.	7.
3.	8.
4.	9.
5.	10.

Ora scrivi un testo pensando a una persona, un animale o un luogo che ti piace.

Puoi usare l'ultima pagina di questo libro come bozza.

La tua composizione:

_____

_____

_____

_____

_____

_____

_____

_____

TACCUINO:

A PRESTO!

Tutta la Squadra

SCOPRIRE GIOCHI GRATIS

GO

BESTACTIVITYBOOKS.COM/FREEGAMES